죽이고 살렸더니

신해원 수필집

수필과비평사

작가의 말

  미완의 여정에서 작품집을 묶으려니 부끄러움이 앞선다. 결실의 계기를 얻은 덕분에 책을 내놓는다.
  지난한 삶에서 수필은 나의 진통제이며 영양제였다. 외로워서 기댈 곳 없을 때 글을 쓰며, 내면의 나를 다듬고 글을 통해 세상을 배웠다.
  나는 고통을 발판 삼아 나를 죽였던 반면 엄마라는 역할만을 살렸다. 두 딸만이 절망의 늪에서 엄마를 건져 올린 희망이었다. 엄마는 강해야 했기에 열심히 살 이유가 되었다. 나아가 배움과 문학에 대한 열정을 품게 되었다.
  머리와 손끝으로 쓰지 말고 가슴으로 쓰라며 지도해 주신 한상렬 교수님, 이 책을 품에 안을 수 있도록 힘이 되어 주신 분들께 진심으로 고마움을 전한다.
  엄마와 함께 그 겨울을 견뎌 낸 두 딸에게 미안하고 고맙고 사랑한다.

2024년 11월 가을이 익어가는 날에
신해원

차례

03 · 작가의 말

제 1 부
죽이고 살렸더니

10 · 딱쟁이 속에 핀 꽃

13 · 단장지애斷腸之哀

17 · 첫 단추

19 · 죽이고 살렸더니

24 · 누름돌

29 · 담쟁이 흔적

33 · 시래기, 아픔을 말하다

37 · 견자비전見者非全

제 **2** 부

길을 찾다

44 · 학무지경學無止境

47 · 홀로서기

52 · 오뚝이를 변호하다

56 · 길을 찾다

60 · 매운맛, 풍경을 말하다

63 · 다시 날아온 민들레 깃털

66 · 줄

69 · 안녕 제비꽃

제 **3** 부

춤사위, 눈물 한 모금

74 · 보자기

77 · 두 바퀴 행복

81 · 사슴의 울음소리

83 · 춤사위, 눈물 한 모금

86 · 소리에 취하다

89 · 되살아난 대박

93 · 움이 트다

95 · 두 손을 감추며

제 **4** 부

호미

98 · 속울음, 어깨에 얹다

102 · 물푸레나무

105 · 가마솥 두 줄기

108 · 호미

113 · 찬란한 슬픔

116 · 새벽 옥잠화

118 · 소쿠리에 담고 싶다

121 · 꽃신

제 **5** 부

총 맞은 것처럼

126 · 징검다리

129 · 우물 안

132 · 그날 동백꽃

135 · 총 맞은 것처럼

139 · 거울과 나

142 · 문밖의 낮달

145 · 들국화

149 · 어쩌라고

152 · |작품해설| 한상렬(문학평론가)
　　　존재적 자각, 외줄타기의 미적 승화
　　　　- 신해원 수필집《죽이고 살렸더니》의 작품세계

제 1 부
죽이고 살렸더니

딱쟁이 속에 핀 꽃

단장지애斷腸之哀

첫 단추

죽이고 살렸더니

누름돌

담쟁이 흔적

시래기, 아픔을 말하다

견자비전見者非全

딱쟁이 속에 핀 꽃

 옷깃을 여미는 겨울의 끝자락 꽃샘추위가 파고든다. 나무에게도 온도를 감지하는 센서가 부착된 것일까. 계절의 경계를 뛰어넘고 있다. 세상에도 선각자가 있듯이, 여린 생강나무 가지는 샛노란 꽃망울에서 특유의 매콤한 향내를 날린다. 황금빛 금가루를 뿌려 놓은 듯 천지가 황금밭이다. 알에서 갓 나온 병아리처럼 쫄망쫄망한 생강나무는 봄의 전령사다.
 상처는 아픔을 동반한다. 잿빛의 삭막한 산기슭에 한껏 기지개를 펴며, 굵고 튼튼한 나무들은 아직 게으름을 떨고 있다. 옆에 있는 바지런한 생강나무는 새봄을 맞을 준비를 한다. 그 긴 겨울에 아무 일도 없었다는 듯이 말이다. 생강나무는 겨울을 맞아 제가 가진 걸 온전히 버렸다. 알몸으로 추위와 삭풍은 견디는 고통이 얼마나 컸으면 점점이 딱쟁이가 앉아있을까. 그렇듯 인내하는 울음 속에서도 꽃을 터트리고 있다. 고통은 고통을 통하지 않고는 빠져나올 수가 없는가. 그것들을 바라보는 마음이 시리다.

아린 마음은 눈가를 촉촉이 스친다. 겨울이 없었다면 봄이 이토록 반가울 수 있을까. 여기 생강나무가 시련과 역경을 이겨내고, 꽃을 피워 향내로 존재의 가치를 드러내고 있지 않은가. 생강나무는 자신만의 고통을 향긋한 향취로 승화했으리라. 자연이 품고 있는 섭리를 어찌 말로 다할 수 있을까마는 햇살 받은 모습이 눈부시도록 빛난다.

축제의 향연이 미련 없이 떠나고 있다. 서성거리는 봄을 데려와 꽃 잔치를 벌이고 다음 삶을 묵묵히 준비하고 있다. 연록의 가녀린 잎은 산을 너무 사랑해서인지 하트 모양의 옷을 입고, 짙은 초록 잎은 뫼 산山자로 갈라져 있다. 세 갈래로 갈라진 것은, 아래에 있는 어린잎들이 틈새로나마 햇볕을 받으며 성장하라는 배려인가. 아니면 어린잎들을 보호하기 위해 삼지창을 들고 있는 것은 아닐까.

깨어 있어야 한다. 지나간 나의 삶을 돌아본다. 시련에 깎인 뾰족한 심정이 날을 세우고 나와 타인에게 상처를 준 일은 없었을까. 생강나무와 같이 사랑은 주고 있는지, 주위에 대한 배려는 넉넉한지 반성해 본다. 행여나 삼지창이 되어 있는 것은 아닐까. 겁이 나기도 한다. 문득, 조고각하照顧脚下라는 말이 뇌리를 스친다. 아무렇지도 않게 다가와 '앎'이란 소중함을 안겨준 자연의 진리 앞에 숙연해진다.

세상은 혼자서 살 수 없다. 힘이 들어도 해마다 꽃을 피우고 열매를 맺는 나무의 한결같음에, 이 땅의 모든 생명체와 더불어 살아가려는 그 마음 씀씀이에 무언의 가르침이 담겨 있다. 나무는 저마다의 시름을 내려놓은 듯 묵묵히 서 있다. 춥고 어두웠던 지나간 날들의 혹독함을 이겨낸 그들 묵언의 가르침을 새기며 자연과 함께 어우렁더우렁 그렇게 살고 싶다.

나무는 말이 없지만 많은 의미를 내포하고 있다. 나는 삶의 무의미함과 존재의 이유에 대해 고뇌하곤 했다. 무심히 바라보니 삶의 모습이 자연과 하나인 듯 보인다. 평생 한자리에서 살아야 하는 숙명을 그대로 받아들이고 나지막하게 서 있는 의연함에서 깨달음을 얻었다. 쉽지만은 않지만, 성찰하는 자세로 반듯한 삶을 살아가리라.

내가 정말 알아야 할 삶의 가치관을 생강나무를 통찰하면서 배운다. 매콤한 꿈의 자락을 펼쳐가며, 알싸한 향기로 꽃을 피우고 싶다.

단장지애斷腸之哀

 텔레비전의 긴급 자막에 소스라친다. 피지 못한 꽃송이들이, 파란 낙엽이 눈물처럼 떨어진다. 통한의 아픔은 송곳이 되어 가슴을 찌른다.
 아비규환이다. 각자의 역할이 곪아터져 일어난 참사가 아닌가. 얼마나 많은 편견이 부서지고 깨어져야 안전한 세상이 오는 것일까. 공포 속에 절규와 다친 몸과 마음의 결절들을 아프게 끌어안는다. 이윽고 젖은 날개가 되어 비명을 지른다. 어두워져 가는 눈망울과 창백한 푸른 꿈들을 어찌하랴. 느닷없이 참척慘慽을 당한 부모의 어깨는 무서운 짐을 신 듯 내려앉아 있다.
 전염병은 청춘을 차압했다. 코로나로 몇 년간 황금으로도 바꿀 수 없는 청춘을, 박탈감과 불안감으로 발목을 잡지 않았는가. 다시 찾은 젊음의 햇살을 맞으며, 하늘을 날고 싶어 그날을 손꼽아 기다렸을 것이다. 그러다 보니 가면무도회가 펼쳐지는 핼로윈에 이태원 말고 갈 만한 곳이 없지 않았을까. 활기찬 축제를 만끽하려고, 그 장소에 있었던 것이리라. 쌓였던 응어리를 풀기 위한 아우성과 함께.

파란 낙엽이 떨어졌다. 오른쪽 가슴에는 이상과 왼쪽 가슴 속 열정을 품은 채, 끝내 삶의 꽃송이 피우지 못하고 가고 있다. 부모와 친구를 버리고 더 버릴 것이 없어, 그렇게 갑갑하던 마스크도 벗어놓고 말이다. 온몸의 몸부림을 드러낸 채, 상처로 휘감기어 날개가 꺾였다. 바닥엔 온통 너희가 남긴 흔적의 슬픔이 낙엽처럼 굴러다니고 있다. 어찌하랴. 한 가정과 나라의 보물들이 싸늘한 바닥에 돌이 되었으니….

까만 밤을 하얗게 지새웠다. 다음 세대를 위해 좋은 미래의 세상을 물려줘야 하건만, 우리는 몇 년 사이로 비슷한 일이 반복된, 10·29 참사에 먹먹한 가슴앓이를 하고 있다. 누군가의 아들과 딸이고, 연인이며, 절친한 친구였을 것이다. 젊은 꿈들은 청춘의 꽃으로 겹겹이 떨어져 무덤을 만드는 진혼곡에 떨며, 하늘의 별이 되었다. 지금 나는 어른의 못남을 자책하면서. 쿨럭쿨럭한 울음을 토해내고 있다.

그대들 잘못만은 아니었다. 젊음은 도전과 열정을 표출해야 한다. 나도 청춘일 때 꿈과 야망이 꿈틀거리면, 어디든 달려가고 싶었다. 열정을 분수처럼 내뿜고 싶을 때도 있었다. 그때를 즐길 수 없다면, 청춘은 껍질 속에 갇혀 아쉬움으로 뒤돌아보는 삶이 아니었을까. 그들 역시 연둣빛 가득 채워 녹슨 삶 벗겨내려 소리치고 싶었을 것이다. 그렇게 스러지고 흩어진 꽃다운 영혼의 위로는, '눈물의 매'를 맞는 것밖에 없지 싶다

반짝이는 보물을 잃었다. 그런데 젊은 영혼들 앞에 마뜩한 진혼鎭魂도 떠오르지 않는다. 고통에 대한 공감과 안쓰럽고 부끄러움을 느낄 수밖에 없다. 하지만 그들의 영혼을 달래기 위해선 지금 우리가 깨어 있어야 하지 않을까. 누군가 그랬다. 상처 없는 사람은 없다. 그저 덜 아픈 사람이, 더 아픈 사람을 안아주는 거라고…. 지금 눈비를 고스란히 맞고 있을 가족들의 슬픔을 위로하고 평안을 기원한다.

다시는 이러한 아픔이 반복되지 않아야 한다. 가을 하늘은 맑고 화창하지만, 안타까움과 걱정으로 범벅이 된 아침은 회색빛이다. 이 아름다운 계절에 그대들의 슬픔이 남의 일이 아니기에 가슴이 아프다. 절절한 사연은 왜 그리도 많은가. 되돌릴 수 없는 현실이 너무 처절하고 참담하다. 단장지애斷腸之哀의 그 부모들의 모습이 아릿하다. 우리 모두 기억의 잔재를 끌어안고 살아가야 할 몫이 아닐까.

나는 눈물의 매를 맞고 있다. 파란 낙엽이 눈물처럼 떨어졌다. 하늘의 별이 된 고귀한 영혼들을 추모한다. 이 슬픔을 가을바람에 날려 버리고 싶다.

― 희생자 분들의 명복을 빌며 깊은 애도哀悼를 표한다.

첫 단추

　전철에서 내리다 웃옷의 단추가 떨어졌다. 사람이 많아 줍지도 못하고 내렸다. 하필이면 왜 첫 번째 단추였을까.
　그동안의 경험을 통해 더 나은 선택을 하게 되었다. 비슷한 모양을 찾아 두 번 다시 떨어지지 않도록 단단하게 달았다. 첫 단추를 잃어버리고 후회하는 것은 돌이킬 수 없지만, 그것을 다시 채워나가는 것이 중요하지 않을까. 나의 잘못으로 떨어져 나간 단추였기에 사전에 점검하지 못한 사실을 되새겨야 하리라.
　단추는 비록 작지만 나의 모양새를 드러냈다. 단추를 달아야 할 위치가 조금 어긋났을 뿐인데 옷이 눈물을 흘려 도저히 입을 수가 없었다. 단추 달린 위치가 그러하듯 우리의 인생도 서로 제 위치가 맞지 않으면 조건과 환경을 어찌 바꾸랴. 처음부터 정해진 나의 삶과 운명을 대신할 수는 없지 싶었다. 삶도 단추의 자리처럼 쉽지 않다는 것을 알게 되었다.

"첫 단추를 잘못 끼우면 마지막 단추는 끼울 구멍이 없어진다." 라는 말이 떠오른다. 인생에서의 첫 단추는 첫걸음의 순탄한 인생 행로를 의미한다. 하지만 스스로 부족하다는 열등의식인지 모른다. 잃어버린 첫 단추처럼 제자리를 찾지 못한 마음이, 떨어진 단추처럼 굴러다녔다. 실패 속에서 깨닫는 경험이 쌓였다.

단추는 언제나 그 자리에 있다. 작은 단추지만, 단추 뒷면에서 드러내지 않고 본연의 역할을 하는 존재가 단춧구멍이었다. 조그만 단추가 하는 서로의 빈자리는 눈에 띄게 컸다. 그래서 어떤 일이든지 처음부터 완벽하게 채우기는 어렵지만, 계속 노력하고 배워나가는 것이 중요하지 않았을까. 하지만 그런 실패와 어려움을 통해 성장하고 배우는 경험이 있다는 것을 알게 되었다.

첫 단추를 잃어버렸을 때 상실감이 컸다. 어찌 보면 지극히 사소한 일상의 일이지만, 조그만 단추 하나가 나를 깨우치게 하다니. 작은 것에서 얻어지는 지혜는 새 출발의 주의력의 중요성을 알렸다. 다시 단추를 채웠다. 오늘도 전철을 탔다. 실밥이 풀린 단추 하나가 달랑거렸다. 내 생을 붙들듯이 악착같이 손에 움켜쥐어야겠다. 언제나 제 몫을 거뜬히 해내는 나의 단추이기에.

죽이고 살렸더니

　뒤란 돌담 옆 우물가 두레박줄 기억이 생생하다. 두레박은 언제나 허공을 향해 올랐다. 그러다 우물 벽에 부딪히며 곡예를 했다. 살구나무에 매어 놓은 두레박 줄은 꽃이 만발하면, 물을 길어 올릴 때마다 여간 조심스러운 것이 아니었다. 고사리 같은 손에 쥐어 요리조리 흔들어야 네모난 두레박에 물이 가득 담겼다. 그리곤 눈물을 뚝뚝 흘리며 올라왔다. 순간 줄을 놓치기라도 하면 두레박은 나와 함께 우물가에 나뒹굴어 넘어지기도 했다. 온 가족에게 생수를 제공한 고마운 두레박이었다.

　어느 날 아버지는 살구나무를 살려야 한다며, 두레박 줄을 풀어 놓았다. 당연히 묶인 것으로 착각했던 나는 줄을 놓쳐 버렸다. 우물 바닥에 가라앉은 두레박을 건지기 위해 갈고리가 등장하고 온

식구가 떠들썩했다. 겁을 잔뜩 먹고 한쪽 구석에 오도카니 있는 나에게 아버지는 "괜찮다. 누구나 실수는 할 수 있단다. 같은 실수를 반복하지 않으려는 마음만 있으면 된다."라고 했다. 그러나 그 일은 어린 날의 트라우마가 되었나. 어젯밤 꿈에도 우물에서 두레박줄을 놓치는 꿈을 꾸며 발을 동동 구르다 잠에서 깬 걸 보면.

결혼한 지 오 년째 되던 해, 나의 삶을 지탱해 주던 줄이 끊어졌다. 하늘이 무너진 자리에 광풍이 휩쓸고 지나갔다. 눈을 떠보니 벼랑 끝이었다. 떠난 사람이 남긴 자리는 허망하고도 피폐했다. 두 딸만이 다시 설 수 있는 의미였다. 두레박줄처럼 질긴 인연의 핏줄인 아이들만은 놓치고 싶지 않았다. 아버지가 살구나무를 살려, 꽃이 피고 열매를 맺었던 것처럼, 두 딸만은 살리고 싶었다. "뜻이 있는 곳에 길이 있다."고 했던가. 순간 희망의 동아줄 하나가 자늑자늑하게 다가왔다.

간신히 잡은 줄을 거머쥐는 일은 생각보다 험난했다. 날카로운 가위를 쥐고, 여성들의 머리카락을 다듬는 일이었다. 현장은 열악했으나 최선을 다하고 싶었다. 미용실에서는 죽였는데도 만족한 사람이 있는가 하면, 너무 살린 것이 불만인 경우도 있었다. 그러나 머리가 마음에 안 든다고 머리카락을 놓고 가는 사람은 없었다. 그 일은 반품이나 재고가 없으니 괜찮은 것 같았다. 그뿐인가. 잠잘 때도 자라는 것이 머리카락이 아니던가. 기술만 잘 익히면,

굴곡진 인생에서 그럭저럭 살아남을 듯했다.

사람들로 북적였다. 기술을 배우기 위해 무임 노동도 감수했다. 야간에는 면허증 취득을 위한 공부로 희망의 줄을 움켜쥐었다. 그 시절은 한부모가정 지원금, 복지제도는 언감생심이었다. 경제적인 자립을 위해 등껍질까지 타들어 가는 심정으로 전력 질주했다. 허공의 외줄 위에서 사투를 벌이며, 곡예를 했던 나는 고작 서른 살의 엄마였다.

삶이란 어둠만 있는 것은 아니었다. 고생 끝에 잡은 줄로 실한 터전을 마련했다. 미용실을 운영하게 된 것이다. 밀물처럼 몰려오는 손님들로 몸은 고단했으나 천하를 얻은 듯했다. 고객들의 성향은 제각각이었다. "여기는 죽이고, 저기는 살려주세요."라며 거울을 바라보는 표정은 사뭇 진지했다. 미소 지으며, "알아서 해 주세요."라는 손님이 나에게는 가장 어려웠다. 정답 없는 문제지가 수시로 주어졌으나, 피나는 노력은 헛되지 않았다. 어느덧 내가 먼저 문제를 찾아 척척 풀어내는 경지에 이르렀다. 얼굴형에 맞춰 최선의 스타일을 연출하면, 그녀들은 최고라며 엄지를 들어 보였다. 인간미가 느껴지는 손님이라도 만나면, 청량제를 마신 것처럼 상큼한 하루였다.

그 시절을 되돌아본다. 세파에 부대끼며 가위 소리에 사라져간 푸른 꿈을 싹둑 잘라냈다. 마음을 비우고 욕망을 다독이며, 얼음처럼 찬 가위를 잡았다. 나의 마음부터 죽였다. 그래야만이 하루에도 수십 명을 죽이고 살리는 일을 완벽하게 해낼 수 있었다. 경력이 쌓이면서 귀한 가르침도 얻었다. 손님의 머리카락만 죽이는 것이 아니고, 나날이 늘어 가는 나의 이기심을 죽여야 했고, 들었던 말도 못 들은 척, 주책없이 끼어드는 오지랖도 죽여야 했다. 때론 들풀처럼 자라는 여자의 본능도 허영심도 죽여야만 했다. 내 마음속에서 꿈틀거리던 것들 중에 나를 위해 살려야 할 것은 없었다. 스스로 통제 아래 단단해진 생은, 끝없는 레이스로 이어지는 고행의 마라톤이었다.

긴 터널을 빠져 나오자 빛이 보였다. 두레박이 찰랑거리며 맑은 물을 퍼 올리는 것처럼, 두 딸이 주는 생동감과 기쁨은 비할 바가 없었다. 아장아장 걸음마했던 아이들은 장마철에 오이 자라듯 쑥쑥 자랐다. 삶의 목표는 더욱 견고해졌다. 아이들로 인해 살맛 나던 날은 외줄 위에서 자신감 넘치게 가위와 춤사위를 벌였다.

실패란 넘어진 것이 아니라, 넘어진 자리에서 일어나는 것이 아닐까. 돼지는 목뼈 구조상 일정한 각도 이상 고개를 들 수 없어, 평생 땅만 보고 살다가 어느 날 발을 잘못 디뎌서 넘어지고 말았다. 그 덕분에 난생처음으로 하늘을 볼 수 있었다. 돼지가 하늘을 볼 수 있는 유일한 방법은 넘어지는 것이었다는 말조차 나에게 용기와 희망으로 와닿았다. 돼지에게서 희망을 얻다니….

허공에서 바닥을 보았다. 밑바닥까지 내려간 상황에서는 미래가 있으려나 싶었다. 한순간에 허물어진 나의 둥지에서 여자로서의 삶은 죽였고, 엄마로서의 모성은 살렸다.

언젠가는 두레박줄이 매여있던 고향집 뜰의 살구나무를 찾아 나서야겠다. 내 유년의 두레박은 안녕하신지.

누름돌

갈맷빛 돌이 눈에 들어온다. 문득 어머니의 환영이 눈앞에 어른거린다. 어머니는 내가 결혼할 때 "사노라면 이것이 꼭 필요할 것이다."라며 돌멩이 두 개를 주었다. 당신의 삶의 애환이 깃든 돌이라 했다. 반반하게 생긴 네모진 검은 것과, 둥그런 하얀 누름돌이었다. 하지만 내게 무슨 소용이 있으랴 싶었다.

별 쓸모가 없었던 그것을 싱크대 밑에 두었다. 돌멩이는 용도를 찾지 못한 채 제자리를 지켰다. 이따금 눈길이 그 돌에 머무르곤 했다. 그러다 살림에 차츰 익숙해지자, 오이지나 밑반찬을 만들 때 요긴하게 쓰였다. 그렇게 어머니의 누름돌은 내 곁에 와 지금껏 어머니의 기억을 떠올리게 하는, 둘도 없는 대체재가 되었다. 돌아보니 그 세월이 까마득하다.

6·25전쟁은 아비규환이었다. 엄마는 홀어머니를 따라 피난 길에 올랐다. 미혼이었던 엄마의 눈에, 걸음마를 뗀 사내아이가 눈에 들어왔다. 측은지심이 일었다. 아이의 아버지는 전실 자식이 있고, 나이 차이도 났으나 엄마와 인연을 맺게 되었다. 상상하지 못했던 계모라는 주홍글씨가 평생 그녀를 따라다녔으니 숙명의 시작이었다.

그녀의 삶은 그리 녹록지 않았다. 층층시하 종갓집 맏며느리 자리의 고단한 삶을 어찌 말로 다할 수 있으랴. 그 무렵, 장독대의 갈맷빛 돌들이 보였다. 어둡고 답답한 곳에서 소금에 절고, 장 속에 담겨 기꺼이 제 몫을 해낸 돌들이었다. 사뭇 자신을 보는 듯했다. 그러나 어쩌랴. 서툴고 부족하지만, 낯 가리고 투정하는 의붓자식을 품어야 하는 것이 그녀의 몫이 아니던가. 그녀는 말 못 하는 고통을 다잡을 누름돌 하나를 가슴에 얹었다.

굴곡의 인생길은 전쟁보다 더한 난리였다. 어린 새댁은 맨발로 너설의 길을 걸었다. 처녀의 몸으로 새엄마가 된 그녀가 전실 자식을 구박하지는 않은지, 주변에서는 색안경을 끼고 보았다. 그들의 쑥덕거림은 소리 없는 총소리였다. 억울함은 자갈밭을 걷는 아픔이었다. 그때마다 그녀는 언 손을 호호 불면서, 군병처럼 몰려오는 두려운 마음으로 꺼이꺼이 울면서 기꺼이 마음을 달랬다. 가슴에 얹힌 묵직한 돌은 그 무게를 더해갔다.

가족의 결속은 삶의 의미를 다지기 위한 출발점이 아니던가. 모든 인간다움이 가정 안에서 일궈지듯이, 그녀의 역할이 중요했다. 계모가 아닌 좋은 새엄마로서의 진심을 보이면 가정에 평안을 가져오지 않을까 싶었다. 주위의 수군거림에도 귀를 막아야 했다. 물레방아 절굿공이처럼 일만 했던 모진 세월이었다. 억울함이 치솟아 울분을 삼킬 때면 누름돌만 한 대안이 없었다.

고난은 생명의 꽃을 선물로 안겨주었다. 시부모님은 새아기의 탄생을 좋아하지만, 그녀에겐 그다지 반가운 일이 아니었다. 자식을 차별하게 되지 않을까 하는 계모라는 명찰이 온몸을 엄습해 왔다. 온정과 냉정 사이를 분간하지 못하면 어쩌나, 의붓자식과 내 아이를 차별하는 엄마로 보일지 모른다는 걱정이 앞섰다. 아기는 오물오물 젖을 물고 방싯거렸으나 온전히 사랑의 눈길을 보낼 수만은 없었다. 아들을 우선으로 하던 시절이었기에 딸애가 눈에 들어올 리 없었다. 때론 모든 걸 포기하고 아이를 두고 도망치고 싶다는 갈등마저 일었다. 그러나 그녀는 자신의 본능을 누름돌로 눌렀다. 친자식보다 전실 자식을 더 챙겨야 했으니 빈 수수깡처럼 헛헛한 세월을 누름돌이 있었기에 견뎠다.

유년 시절 나는 늘 엄마의 정이 그리웠다. 다른 자식이 전부인 양 나를 대하는 엄마의 눈길은 차가웠다. 당신에게 잘 보이려는 서툰 표현은 때론 가시가 되어 부메랑으로 돌아왔다. 언제나 나를 배척하던 그녀의 태도는 아직도 애증으로 남아 있다. 그러나 흙탕물이 전신을 덮어도 세상에 태어난 것으로 감사해야 했다. 항상 바리데기의 슬픔을 안고 살았으나, 돌아보면 자식에 대한 편애도, 가정의 화목을 위해서였다. 나는 그녀를 닮지 않겠다고 마음속으로 다짐했다. 삶에 있어서의 고통과 혼란의 의미에 대한 '센다 다쿠아'의 언술이 떠올랐다.

"더 큰바람이 흔들기 전에 마음껏 앓아라. 그리고 일어서라. 그 자리에는 흉터가 아닌 당신만의 삶의 무늬가 생겨날 것이다. 젊은 날의 혼란과 방황이 너무 힘겹게 다가온다면 당신은 제 길을 제대로 가고 있는 것이다."

어머니와 다른 인생을 살고 싶었다. 어느덧 그렇게 바라던 삶의 둥지를 틀었다. 봄날의 살포시 핀 목련꽃처럼 자갈자갈 웃음꽃으로 만발했다. 무엇이 부러우랴. 그러나 그 행복은 내게 잠시 주어진 것이었나. 어두운 먹구름은 사나운 비바람을 몰고 왔다. 순식간에 보금자리는 처참하게 낙화 된 목련이 되었다. 번개가 스친 듯 정신이 들었을 때, 네 살과 한 살, 감자처럼 올망졸망한 아이들을 데리고 가장이 되었다. 때론 주위에선 새 출발의 유혹으로 나의 눈을 어둡게도 했지만, 유년이 내가 받은 상처를 대물림하지 않으려고, 뿌연 안갯속 같은 길을 걸었다. 그 길은 한겨울 눈보라 속에 알몸으로 서 있는 것처럼, 몸도 마음도 아팠던 지난한 삶이었다. 하지만 고난의 삶은 누름돌이 있기에 견뎌냈지 싶다. 그녀를 닮지 않겠다고 내가 택한 다른 인생은 제대로 온 길이었을까. 누름돌을 보며 고마운 마음이 새록새록 올라왔다. 쉽게 상처받고 과한 욕심을 부리다 차오르는 감정들을 자근자근 눌러준 반려돌 같은 것이었다.

지난날을 돌아본다. 어느새 당신에 대한, 돌보다 차디찬 애증의 마음은 연기처럼 사라지고, 힘겨웠던 어머니의 모습을 떠올린다. 이제야 누름돌의 미덕을 알 것 같았다. 순간순간마다 지그시 역경을 눌러준 누름돌 앞에 숙연해진다.

"인생이 주는 가장 큰 선물은 다른 인생이다."라는 말처럼 원치 않았던 다른 인생은 삶의 큰 선물이다. 온갖 삶의 무게를 덜어내고, 누름돌을 걷어낸 변곡점에서 깃털처럼 가벼워지리라. 다시금 근래 사용하지 않았던, 누름돌을 꺼내보아야겠다.

담쟁이 흔적

 계절은 여지없이 담쟁이의 옷과 살을 벗겨 버렸다. 메말라 부서질 것처럼 삐쩍 마른 가지들은 그물망 같은 흔적이 남아 애처로웠다. 그물을 씌워 놓은 것처럼 보이는 하얀 집이었다.
 담쟁이는 죽어가는 것이 아니었다. 긴 겨울은 절망을 몰고 왔다. 눈발이 날리는 그물을 뒤집어쓴 채 비릿한 냄새를 풍기고 있었다. 그가 손아귀에 움켜쥔 것은 의지와 희망일 것이었다. 오히려 거센 바람의 난타와 스스로의 채찍으로 내면을 강하게 만들었다. 바짝 웅크린 가지들이 경계의 언저리를 서성이며 꿈틀거렸다.
 만지면 바스러질 듯 보였다. 메마른 줄기는 마치 발라 먹은 생선 뼈인 듯했다. 가지의 반응은 바늘처럼 뾰족한 손이었다. 그물처럼 얹혀 있는 흔적이 더욱 두드러졌다. 오체투지로 벽을 잡고 흔적을 덮기 위한 몸부림이었다. 바람 앞에 들리는 소리는 아마도 담쟁이의 울음소리가 아니었을까. 담쟁이를 보면 나의 지난날이 불쑥 다가온다.

겨울의 끝자락은 비릿한 냄새로 눈발을 날렸다. 낮은 언덕 위, 동네에서 유일한 양옥집은 의원이었다. 아이는 엄마 손을 잡고 자박자박 걸으며 일주일에 두 번씩 그 집을 갔다. 모두가 피하는 전염병인 결핵이었다. 누가 눈치챌세라 쉬쉬하며, 조그만 병에 들어 있는 흰색의 주사를 맞아야 했다. 순간 아이는 좁은 어깨를 바짝 웅크린 채 울음은 속으로 젖어 들었다.

시나브로 아이의 지난한 겨울날이 지났다. 봄이 기지개를 폈다. 시든 줄기들은, "나도 너처럼 시련의 절망 아래 있었다."며, 고난을 딛고 싸목싸목 올라가자고 손짓했다. 담쟁이는 공생과 우정이란 꽃말을 갖고 있듯이 나의 바람을 외면하지 않았다. 소소리바람에 하르르 파문을 지으며, 마른 가지에 열정의 불씨를 댕겼다. 그물 같은 흔적을 감추려고 했던 것이었을까. 아스러지고 넘어졌으나 살아 있다는 생명력으로 아이의 새파란 꿈도 꼬물꼬물 따라 올랐다.

연이어 메마른 줄기에서 한잎 두잎 새살이 돋았다. 연푸른 아기 손이 보였다. 어느 결에 아이는 그물망처럼 되었던 흔적을 덮고 있었다. 잎이 손바닥만큼 자라면 연초록은 녹색으로 깊어만 갔다. 고통과 시련의 시간은 점점 무뎌지면서 어두웠던 흔적은 기쁨과 환희로 덮였다. 그런데 불현듯 지난날 아픔이 떠올랐다.

아이는 전염이 될세라 숨어 지내며 음식도 따로 먹어야 했다. 옹이처럼 박여 있는 병마의 상처였다. 노란 슬픔이 냇내처럼 스멀스멀 여린 몸을 휘감았다. 흠 하나 없이 사는 삶이 어디 있으랴. 시련과 역경에도 굴하지 않고 새로 돋은 푸른 잎사귀였다. 그것은 끈질긴 생명력이 아니었을까. 흔적은 아직도 가슴에 선명하지만, 울음 끝에 다시 웃을 수 있었다.

살다 보니 견디고 살아진다. 힘들고 어려워도 참고 버티면 봄이 온다. 인생살이도 그러하다. 살면 살 수 있다. 아삭하게 바짝 마른 담쟁이가 살 수 있던 것은 견뎌낸 힘이 있기에 가능하다. 그것은 살아나기 위한 절실한 의지다. 견딤과 기다림은 아무나 해낼 수 있는 것이 아니리니. 그만의 생존 의식으로 모진 세파와 시류에 맞서 버텨왔다. 마침내 살아 온 담쟁이가 팔랑거리며 살아 있음을 보여 준다.

고난으로 가슴을 일깨운 세월이다. 병마의 흔적을 지우고 담쟁이보다 더 담쟁이로 삶의 길을 낸, 그날의 아이에게 찬사를 보내고 싶다. 언제나 아플 때 손잡아 주며, 철없는 어린 마음 다치지나 않을까 고심하던 어머니가 이내 떠올라 가슴이 먹먹해 온다. 담쟁이 한 가닥이 초록 휘장을 휘날린다. "함께 오르지 않을래."라며 내게 손을 내민다.

시래기, 아픔을 말하다

 그냥 얻어지는 것이 있겠는가. 추운 엄동설한에 바람막이도 없이 몸은 사시나무처럼 떨고 있다. 억센 무청이 부드러운 시래기가 되려면 숱한 고난과 시련을 견뎌야 했다. 누렇게 되어 줄기가 아늘거리면, 시래기의 온몸은 바삭바삭 부서져 내렸다. 덕장의 명태가 말라가듯 맨몸으로 눈보라와 한기를 겪는 과정을 거쳐야 한다. 그래야 시래기만의 눅진하고 깊은 토속적인 맛이 우러난다. 가녀린 몸이 달달 볶인다.
 시래기가 건강식으로 대우받는다. 예전엔 서민들 식량으로 가난한 사람들의 허기를 달래주던 먹거리가 아니었던가. 요즈음은 오히려 섬유질과 무기질이 많아 대접받으며 건강식품으로 주목받고 있다. 항암 작용과 면역력 강화에 좋으며, 골다공증, 빈혈 예방에 으뜸이라고 한다. 하찮은 시래기가 귀한 몸이 되었다. 과학이 발달되어 전용 무를 심어 손쉽게 시래기를 만든다고 한다. 시래기를 보고 어린 시절 고향을 스케치해 본다.

아버지는 김장이 끝나면, 무청들을 짚으로 엮어 굴비 두름처럼 처마밑에 즐비하게 매달았다. 그리곤 "이놈은 굴비만큼이나 맛이 좋고 영양도 많아 어디에 비할 바가 아니다."라며 부자가 된 양 흐뭇한 표정이었다. 입가에는 한 모금의 담배 연기가 목화송이처럼 피어올랐다. 그 시절의 김장 김치와 시래기는 엄동설한을 뜨끈하게 이겨 낼 수 있는 양식이 되었다. 노란 냄비 바닥에 시래기를 깔고, 생선 몇 토막을 지져낸 두레반의 저녁상은 풍성했다. 어느새 온 가족이 게 눈 감추듯 앞에 놓인 밥주발들은 아쉬운 듯 빈 입을 벌리고 있었다.

바짝 마른 시래기가 꿈틀거린다. 허물 벗듯 온몸은 상처 낸 쓰라림으로 바스락거린다. 그것은 어두운 겨울바람에 서걱서걱 울다가, 눈 내리는 밤이면 사각거리며 아픔을 토하는 듯했다. 꼬챙이처럼 말라비틀어져 사라질 것 같다가도, 물에 들어가면 원래의 모습으로 살아나는 마술 같은 시래기였다. 그것이 건강식으로 오기까지는 바람의 도움이 크다. 모든 먹거리가 저절로 만들어지는 것이 아니란 것을, 시래기가 전하는 의미이지 싶다. 시래기를 보노라면 지금도 아버지의 모습이 떠올라 마음이 아릿하다.

그날의 태풍은 모든 걸 휩쓸고 갔다. 너른 논과 밭은 초토화로 흉년이 들었다. 온 가족 먹거리 걱정으로 아버지의 한숨 섞인 소리는 시래기처럼 바짝 마르고 건조했다. 고달픈 한 해를 보내기 위해서는 앞 벌이 허연 물바다가 되면, 우리는 두레 밥상에서 희멀건 시래기죽을 먹어야만 했다. 그런 날이면 나는 반쪽짜리 달처럼 허기가 졌다. 지루한 밤은 닭이 울기까지 무척 길었던, 기억의 잔상으로 남아 있다. 하지만 삶이란 자연의 섭리에 순응하며 살아가는 것이 아니던가.

나도 한때는 무청의 날개처럼 풋풋했다. 처마밑 무청 시래기조차도 숱한 세월의 아픔이 있는데, 인생이라고 어찌 눈물나는 날이 없었으랴. 아버지의 삶이 시래기처럼 지난했듯이 나 또한 그러했다. 허기를 껴안고 허적이며, 맨몸으로 눈보라 속에서 추위와 맞서야 했다. 시들고 말라 진액마저도 모두 주고 떠나는 시래기가 나의 삶과 흡사하지 싶다. 시래기는 까닭 없이 서럽고 울적한 날 먹는 음식이라고 한 어느 시인의 말이 떠오른다. 스산한 날이면, 따끈한 한 그릇의 시래깃국으로 나의 아픈 마음을 조곤조곤 풀어 주곤 했다.

시래기는 고난을 견뎌 낸 산물이었다. 내가 마음먹은 일로 의논을 하면 비웃던 이들이 있었다. 그날의 비바람은 왜 그다지 울컥했는지. 그러나 지금에 와서는 그들이 얼마나 고마운지 모른다. 덕분에 여기까지 왔다. 벼랑 끝으로 몰아도 물기 잃고 바짝 마른 시래기처럼 살아 내는 것이 나의 인생이다. 이제는 작은 문턱에 걸릴지라도, 산에 걸려 넘어질 일은 없으니 그 얼마나 다행스러운가.

 그들이 비웃던 어제의 결핍은 오늘의 나를 있게 했다. 마치 바위가 얼고 녹기를 반복해, 알알이 바스러진 모래처럼, 무잎이 시래기가 되기까지 고난을 희망의 두름으로 엮어 내 마음의 시렁에 걸어두리라.

견자비전 見者非全

 드러내지 않는 것이 있으려나. 향기와 금가루를 칠한 듯한 과피果皮에 시선이 머문다. 진한 향이 코끝을 자극한다.
 당당한 향기로 공간을 휘감는다. 시거든 떫지나 말든지, '쯧쯧' 혀를 차는 소리도 아랑곳하지 않고 눈치보는 일도 없다. 가을이면 어김없이 밀고 들어와 모든 것을 압도한 채 거실의 한 자리를 차지한다. 집안의 공기 정화 작용을 하느라 향을 뿜어내고 있다. 마음씨 넉넉한 할머니를 닮은 모양은 아닐까. 그때 높이 비상해 윙윙 맴돌던 고추잠자리 한 마리가, 나를 시간 저편으로 데려간다.
 호기심 많은 유년 시절이었다. 집에는 툇마루가 있었고, 그곳에는 잡곡만 담아 두는 작은 뒤주가 있었다. 소쿠리에는 울퉁불뚝 뿔이 난 황금빛 과일이 담겨 있었다. 그것을 보려고 어린 나는 까치발을 들어 겨우 올라가곤 했다. 윤이 자르르 나는 것이 맛있게 생겼다.

"그놈이 어떤 맛인가 한번 먹어보련."

할머니는 딱딱한 그것을 쪼개 주었다. 그런데 웬걸, 떫고 괴상한 맛에 내 목은 오빠가 날리는 꼬리연을 방불케 해 한바탕 웃음마당이 되었다.

인생도 달콤한 맛만 있는 것은 아니다. 떫은맛을 알아야 달콤함의 진가를 감미할 수 있지 않을까. 그렇게 나를 유혹하던 과일이 그런 맛을 갖고 있을 줄이야. 그렇지만 씁쓸한 맛과는 달리, 내면에서 뿜어져 나오는 독특한 향을 지니고 있지 않는가. 그리고 보니 할머니의 모과 한 조각으로 견자비전見者非全의 인생수업을 톡톡히 받았다.

모과의 삶은 고귀했다. 이십여 년 전 사고로 목과 허리를 많이 다쳤다. 소슬바람이 불어오면 통증으로 절망감이 엄습해 왔다. 그런데 치료에 도움이 된다는 모과 발효액을 음용하면 몸과 마음이 녹아드는 듯했다. 기막힌 어떤 부분 때문에 증상이 완화되는 기적을 모과는 온몸으로 보여주었다. 겉보기와는 달리 참으로 유익했다. 그래서일까. 습관적으로 모락모락 향이 나는 상큼한 모과차 한 모금에 허리를 곧추세웠다.

모과는 생김새로 천대를 받는다. 멀리 보고 자세히 봐도 못생긴 외모가 울뚝불뚝 심술스럽다. "과일전 망신은 모과가 시킨다."라고까지 한다. 그러나 비바람에 흔들리고 활활 타오르는 태양에 달구어진 채 푸른 멍을 삭이느라 슬픈 내면의 아픔은 자신의 몸보다 컸으리라. 그렇지만 가지 끝 수액을 모아 어떤 향기를 품었을 것이다. 긴 시간의 상처가 응축되어 울퉁불퉁 혹이 되지 않았을까.

모과나무 심사心思란 말이 있다. 모과나무는 몸통이 뒤틀려 있기에 심술궂고 나쁜 마음씨를 가진 〈콩쥐 팥쥐〉나 〈장화홍련전〉의 계모를 '모과나무 심사'라고 한다. 그런데 이런 말 또한 모과의 겉모습만 보고 참다운 성품과 본질을 파악하지 않은 말은 아닐까. 어찌 보이는 것만이 전부라 할 수 있겠는가. 자신의 형체를 변화시켜 그토록 그윽한 향을 낼 수 있음이 신비스럽다. 누군가 눈길을 주지 않아도 혼자서 당당하게 듬직한 자태로 익어가는 모과에서 지혜가 묻어났다.

흔히 모과는 못난이의 대명사다. 외모가 능력이라고 뽐내는 현대사회의 씁쓸한 세태를 모과에서 본다. 성형이 난무하고 인조인간이 판을 치는 세상이다. 때론 품위를 떨고 있는 배에게 눌리고, 볼그레해서 깨물어 주고픈 유혹의 사과에게도 주눅이 든다. 그런데 요즘은 매끈한 피부가 만점인 '미인 모과'도 눈에 띈다. 혹시 모과도 성형 수술을 받은 것은 아닌지. 아마도 주인을 잘 만나 영양과 병충해를 막아주는 관리를 받아, 주름이 펴진 것은 아닐까 생각해 본다.

모과의 삶은 썩어가면서도 본분을 다하려고 향기를 뿜어낸다. 최선의 앞에서 본연의 몫을 다하려는 과일도 있는데, 나는 과연 두 딸의 가장으로서 내 몫을 제대로 하고 있나. 녹록지 않았던 젊은 날 진통을 떠올려 본다. 그런 내 모습은 세상에 어떻게 보이려나, 겉모습과 내면의 향은 보태지거나 모양이 변형되지는 않았을까. 이제 나는 인생의 난제를 헤치고, 단단한 삶의 나이테를 새기려고 한다. 모과는 혹독한 추위를 나목으로 홀로 버티고, 목마른 가뭄과 세찬 비바람을 맞았다. 내면적으로 승화한 그 과정은 어둠과 고통이었으리라. 나의 어제와 모과의 고난 시간이 겹친다.

모과를 코끝에 대어 본다. 그 향기를 지켜 내려고, 그토록 몸부림을 쳤단 말인가. 주어진 삶을 그대로 보여주고 있는 모과처럼 부족한 부분은 있지만 견자비전見者非全이 아닌, 내면에서 진솔함이 나오는 그런 사람이 되리라. 비록 가혹하도록 떫은맛은 있지만, 인생도 그렇게 시련과 역경을 이겨내고 성숙의 경지에 이르면 향긋한 맛을 낼 수 있으리라. 다시금 모과를 바라보며 드러내지 않는 겸손을 배우고, 조릿거리는 마음으로 성찰의 깨달음을 얻는다.

나도 모과같이 매혹적인 은은한 향기로 옆에 머물고 싶어지는, 그런 사람이고 싶다. 웅숭깊은 향을 품고 충만한 삶의 길을 가리라.

제 2 부

길을 찾다

학무지경學無止境

홀로서기

오뚝이를 변호하다

길을 찾다

매운맛, 풍경을 말하다

다시 날아온 민들레 깃털

줄

안녕 제비꽃

학무지경學無止境

한 마리의 새가 거센 바람을 가르며 힘차게 날갯짓을 한다. 꿈이 어깨에 앉아 푸른 하늘을 훨훨 난다. 배움에는 끝이 없다며 지향志向의 날개를 쫙 펼친다. 꿈의 길을 만들며, 또 다른 시작을 향해 창공으로 솟는다. 부채처럼 펼친 날개는 희망을 휘감은 듯 빛을 발하고 있지 않는가. 마음속 안개가 걷히면서 어둠의 세계에서 벗어난 개안의 날이다.

극적인 삶이 있기에 꿈을 가질 수 있다. 딸과 사위는 설렘과 기쁨으로 꿈의 날개를 준비하고 있다. 옹기종기 앉아 있는 두 손녀는 재잘거린다. 그 꿈에 손을 포개고 마냥 즐겁다. 그간의 눈물이 있었기에, 웃는 얼굴이 더욱 눈이 부시다. 이렇듯 떠나도 기다림 속에 기쁨은 함께하리라. 막내딸이 머문 자리, 발길이 쉽게 떨어지지 않음을 어찌하랴. 몇 년 후 돌아오는 길이 윤슬처럼 반짝이는 삶이 되길 기도한다.

삶은 예측불허. 공직에 있는 막내딸과 사위는 미국이란 낯선 나라로 공부하러 떠난다. 유년기의 빈곤이 삶이 어둠만 준 것은 아니었다며, 어미의 한숨을 잠재운다. 섬세하고 여리다 보니, 상처 또한 컸으리라. 그러나 생채기 난 그것에 가치를 둔 마음이 어미는 고마울 따름이다.

나는 가정에 굳건한 뿌리를 내리고 싶었다. 두 딸의 행복을 위한 인생이기에 슬픔은 꼬깃꼬깃 접어 마음속 깊이 감추었다. 아이들과 나를 지키기 위해 억새처럼 서걱거리는 삶을 살았다. 우리가 겪고 있는 고통 후에는 반드시 기쁨이 올 것이라며 어미인 내게 희망과 믿음을 주던 어린 딸이었다. 추위에 떨며 꽃을 피운 들국화처럼 고통 속에 꽃을 피웠다.

"가난은 나를 단단하게 만드는 자양분이 됐다. 오히려 고난은 은혜가 되었다며, 결핍은 자신이 클 수 있도록 주춧돌이 되었다."는 딸의 말에 큰 위로를 얻곤 했다.

딸의 말에는 아픔이 묻어 있었다. 그러나 어느새 어둠을 뚫고 비상하고 있다. 그뿐인가. 강인함이 담긴 들꽃처럼 도전의 꿈을 펼쳐 나갔다. 삶이 팍팍하고 남루해도 용기를 갖고 살아가는 것이 인생은 아닐까.

뒤늦은 배움은 행복이었다. 열정을 갖고 배운다는 것에 희열을 느꼈다. 자식이 어미를 대학에 보낸다는 것이 그리 쉽지만은 않았을 것이다. 그러나 치열하게 살아온 어미에게 배움의 날개를 돋게 해 주었다. 눈물이 쌓였던 긴 세월이었다. 막내딸의 올리사랑은 희망으로 채운 책가방을 등에 멨다. 슬프고 아팠던 만큼 그만큼의 웃음도 커졌다.

막내는 어느덧 넉넉한 생활로 한 가정을 이루었다. 자신의 꿈을 펼치며 날개를 펴고 평화롭게 날고 있다. 막내딸은 고단한 나의 삶을 비추는 햇살이다. 그뿐인가. 아이를 보면 희망이 샘물처럼 퐁퐁 솟아난다. 다시금 거듭 배우고 성찰하며 인생의 깨달음을 얻으련다. 긍정을 손에 쥐고 회복 탄력성의 힘으로 공부를 마치고 귀국할 너를 꿋꿋하게 기다리리라.

막내딸은 '학무지경學無止境'이란 메시지를 주고 날갯짓을 하며 날고 있다. 내 맘도 덩달아 배움의 날개를 펴고 힘차게 날고 싶다.

홀로서기

 겨울의 끝자락이다. 매서운 바람을 가르면서 날렵한 자전거들이 행진한다. 그중, 눈에 들어온 것은 투박한 큰 자전거다. 그 자전거를 보자니 왠지 가슴이 먹먹해 와 좀체 발을 뗄 수가 없다. 내가 망부석이라도 되려나 싶다.
 양 갈래로 머리를 땋은 소녀 시절, 초겨울 농번기도 끝날 무렵이었다. 아버지는 마당에 커다란 짐 자전거를 꺼내 놓았다.
 "우리 딸에게 이 녀석 타는 법을 가르쳐 주마."라며 미소를 지으셨다. 자전거가 흔하지 않은 시절이었다. 시골 동네에서, 더군다나 여자는 상상도 할 수 없는 일이었다.
 "아버지, 이렇게 큰 것을 타라고요?"
 "그래. 이놈은 한번 배우면 잊어버리지도 않을뿐더러 살아가는

데, 많은 도움이 될 것이다. 자전거처럼 살면서 매사에 흔들리지 말고 무게의 중심을 잘 잡고 정도의 길을 가라."라고 했다.

아버지는 무엇이든 몸으로 부딪쳐 익혀야 한다고 덧붙였다. 그때는 그 말이 무슨 뜻인지 내가 알 리 없었다. 아버지는 더이상의 말을 하지 않고 "내가 뒤에서 잡고 있을 터이니 마음놓고 페달을 밟아라." 하며 재촉했다.

작은 몸에 자전거 타기를 익히기란 그리 쉽지 않았다. 페달에 발이 닿으려면 엉덩이를 이쪽저쪽으로 들어야만 했다. 마치 곡예사의 외줄 타기가 떠올랐다. 생전 처음 자전거를 타고 아슬아슬하게 마당을 맴돌았다. 자전거는 생각보다 몸체가 무거웠다. 그런데도 굴렁쇠 돌아가듯이 두 바퀴로 갈 수 있다는 것이 참으로 신기하기만 했다. 훈련은 사뭇 혹독했다. 힘은 들었지만 흥미롭고 즐거웠다.

이틀째 되는 날이었다.

"오늘은 소 마차 다니는 넓은 길에서 배울 것이다."라고 했다. 아버지는 이미 목적지까지 정해놓고 있었다. 처음보다는 익숙했지만, 넓은 길이라는 주문이 내게 두려움을 주었다.

"아버지, 꼭 잡아주세요. 손 놓으면 안 돼요."

"알았다. 어서 가자."

나는 페달을 힘겹게 밟으며 엉거주춤 달려 목적지까지 도착했다. 그런데 뒤편에선 아무런 기척이 없었다. 뒤돌아보니 아버지는 출발 지점에서 손가락에 파랑새 담배 한 개비를 쥐고, 입가에 미소를 띤 채 서 있었다. 모락모락 목화송이 같은 연기가 피어오르고 있었다.

그러구러 처녀 시절, 목에 빨간색 스카프를 매고서 한껏 멋을 내보았다. 기어가 장착된 날씬한 자전거를 빌려 타고. 신작로를 달렸다. 멈춰야 하는데 브레이크가 도무지 듣지 않았다. 그러다 벽을 들이받고 멈추었다. 부지불식不知不識간에 나는 시멘트벽에 얼굴을 다쳐 상처를 입고 말았다. 얼굴에선 피가 주르륵 흘렀다. 그 흉터를 보면 시절의 치기稚氣가 눈에 삼삼하다. "섣부른 행동은 삼가라." 하시던 아버지의 말씀이 들려왔다. 이후 아버지 말씀을 다시금 떠올리면서 반성하고 다짐하곤 했다.

꽃 피는 사월에 사랑도 피었다. 반듯한 사람을 만나 그의 제대除隊를 기다려 결혼해 둥지를 틀었다. 두 딸을 두고 행복했다. 하지만 호사다마好事多魔라던가. 느닷없는 쓰나미가 내게 밀려와 꿈일랑 산산이 부서져 몽땅 쓸고 갔다. 졸지에 두 아이의 가장이 되었다. 아버지의 가르침대로 온몸으로 부딪치면서 열심히 살았다. 일에 몰두하느라, 옆도 뒤도 돌아볼 사이도 없었다.

삼십여 년 전 어느 날. 언제부터인가 허리를 구부리고 힘겹게 자전거를 고치는 아버지의 모습이 눈에 들어왔다.

"아버지, 자전거 고장났어요?"

"그래. 자전거가 자꾸 속을 썩이는구나."

"아버지, 자전거 사드릴 테니 고치지 마세요."

"아니다. 애들하고 힘든데 괜찮다."

하시며 손사래 치는 아버지의 모습을 떠올렸다. 진작 사드릴 것을, 왜 나만 힘들다고 생각했을까. 그 후 얼마쯤 있다가 아버지 손에 돈 십오만 원을 쥐어 드렸다.

아버지는 나이 서른에 가장의 짐을 지고 헉헉거리며 사는 딸을 속수무책으로 지켜보았다. 안타까움에 마음 편할 날이 없었을 것을 어찌 가늠할 수 있을까. 그때 나는 두 아이 교복도 얻어서 입혀가며 살아가고 있었다. 다시 아버지를 뵈었을 때 마구 자랑하셨다. 그런데 자전거의 색깔이 빨간색이었다.

아버지께 웬 빨간색이냐?라고 물었더니, "자전거는 내가 타지만 우리 딸이 사준 것이니 딸하고 늘 같이 다니는 마음으로 네가 좋아하는 색으로 샀다."라고 하셨다.

그러나 나는 아버지가 그 자전거를 타신 모습을 한 번도 보질 못했다. 아버지는 갑자기 위암 말기여서 자리 보전을 했다. 곤고한 생활이 지나면 해 드리고 싶었던 것이 많았는데…. "나무는 고요하려고 하나 바람이 그치지 아니하고, 자식은 효도하려고 하나

부모는 기다려 주지 않는다."라는 말을 되뇌면서 나의 불효를 통곡했다. 지금도 큰 자전거만 보면 가슴이 아려와 그 자리에 선다.

"그래, 과연 내 딸이구나."라던 아버지의 목소리가 들리는 것 같았다. 먼 하늘을 바라보는 두 눈가엔 어느덧 안개가 서렸다.

나의 홀로서기는 아버지의 가르침대로 중심을 잡고 정도에서 벗어나지 않는 삶을 영위하는 것이다. 지금도 배움의 길이라면 아버지의 자전거를 타고 희망의 페달을 밟아 어디든 동동거리며 달려가곤 한다.

오뚝이를 변호하다

봄이 꿈틀거린다. 두런두런하는 소리가 발밑에서 들려온다.

"야야야 내가 누구냐 오뚝이란다. 넘어지면 일어나는 오뚝이란다."

어디선가 낯익은 노래 소리도 들린다. 하늘이 맑았는가 하면, 갑자기 천둥번개를 치며 소낙비가 내리는 것이 자연의 섭리가 아닌가. 그런데 그게 파란만장한 나의 인생과 흡사해 보였다. 올망졸망한 아이들의 재롱을 보며 까르르 웃음이 담 너머까지 들렸다. 알콩달콩 행복에 묻혀있을 때였다. 그런데 불시에 맨홀에 빠지고 기둥이 뿌리째 뽑혀 날아갔다. 천붕天崩 같은 슬픔이 나를 휘감았다. 그러나 살아야 했다. 지문이 닳아 없어지는 줄도 모르고 일을 했다. 이만하면 되지 무얼 더 바라겠는가. 하지만 불행은 나의 곁에서 호시탐탐 노렸나 보다. 2001년 9월 11일 미국의 무역센터 쌍둥이빌딩 테러 사건이 일어난 날이었다. 나 또한 교통사고로 목이 무너져 내렸다.

그날은 미용실 휴일이었다. 일주일 먹거리를 사 들고 버스에 올랐다. 열려있는 창가 좌석에 앉았다. 유난히 눈에 들어온 초가을의 하늘은 맑고 청명했다. 순간 급격한 급브레이크에 나는 의자에서 굴러떨어졌다. 바닥에는 부식거리들이 나와 함께 널브러져 아수라장이 되었다. 놀란 승객들의 웅성웅성하는 소리가 꿈결처럼 들려왔다. 병원으로 실려 갔다. 목을 많이 다쳐 수술밖에는 도리가 없었다.

어찌된 영문일까. 수술로 인한 것일까. 한쪽 팔이 움직이지 않았다. 치료를 계속했지만 경과는 그다지 호전되지 않았다. 병원을 옮겨, 재수술을 할 상황이었다. 의사는 내게 목 수술은 힘든 수술이어서 자칫하면 전신에 마비가 올 수도 있다고 했다. 그때 다시금 떠올린 게 오뚝이였다. 두 번에 걸친 지난한 수술이 시작되었다. 하지만 나는 툭툭 털고 일어났다. 사고로 인한 두려움이 트라우마로 남았다. 달리는 자동차들이 모두 나에게로 달려오는 무기 같이 보였디. 비스는 더욱 그랬다.

보슬비가 내리고 있었다. 2002년 월드컵 축구에 모두가 감동할 때였다. 버스가 무서웠다. 급한 볼일이 있어 택시를 탔다. 갑자기 벼락 치는 소리가 들려왔다. 순간 정신이 아득했다. 안갯속으로 빠져드는 듯했다. 한참 뒤 정신을 차린 나에게 "죄송합니다. 교통사고가 났습니다. 뒤에 과속으로 달리던 차와 충돌했다."라고 기사가 말했다. 앵앵거리는 경찰차에, 삐용삐용 응급차에 정신이 혼미했다. 두 번째의 교통사고로 허리를 다쳐, 온갖 치료와 수술을 병행해도 예전으로 돌아갈 수는 없었다.

부실한 몸으로 일을 하자니 힘에 겨웠다. 하지만 열심히 일한 보람은 컸다. 두 아이가 대학을 졸업하고 결혼도 시키고 홀가분해졌다. 이제는 괜찮다 싶었다. 행복과 불행은 겹쳐온다고 했던가. 다시 어처구니없는 일이 일어나고야 말았다. 꿈속에서 달려드는 차를 결사적으로 피하려다, 그만 침대 밑으로 떨어지고 말았다. 몸이 성한 곳이 없었다. 휘어진 등은 점점 굽어졌다. 그야말로 몰골이 말이 아니었다. 다시금 절망의 늪에서 허우적거렸다.

험한 고통이 닥칠 때면 나의 부족함을 성찰하곤 했다. 시련은 또 다른 도전이자 출발점이었다. 언뜻 머릿속에 스쳤다. 허리 수술로 주렁주렁 매달린 혈액 봉지와 링거를 보면서도 내 의지는 더욱 굳건해졌다. 고개만 살짝살짝 좌우로 돌리고 몸을 움직이면 큰일 난다고 의사는 말했다. 죽은 목숨이나 다름없는 시간이었다. 간병인의 도움으로 약을 먹기 위한 두 숟갈의 밥을 누워서 먹어야만 했다. 지옥 같았던 2주가 지나고 15일째 되는 날, 겨우 침대에 앉혀주었다. 다음날은 보조기를 지탱한 채 한 발 두 발 걸었다.

만물이 소생하는 봄이었다. 힘든 수술이 지난 두 달 뒤였다. 나의 허리는 다시 무너져 내렸다. 마치 낫자루처럼 되어갔다. 울부짖는다고 아픔과 고통이 해소되지는 않지만, 아픔을 감당하는 내공은 깊어졌으리라. 마지막 수술이기를 간절히 바랐다. 그 마음이 하늘에 닿았나. 구부러졌던 허리는 어느 정도 펴졌다. 허정허정 걸으며 이만해도 다행이란 생각이 들었다. 이렇게 목과 허리에 여섯 번의 수술을 할 때마다 오뚝이가 되어 일어났다. 몸으로 깨우쳐 얻은 보상은 자신감이었다.

남들이 뭐라 하든 우레 같은 소리로 호탕하게 웃는다. 나는 오뚝이다. 희망을 가슴속에 차곡차곡 담으면. 행복의 문이 활짝 열리지 않을까.

길을 찾다

어느 날 고막이 빵 터졌다. 귓속에 풍선이 들어 있던 것이었을까. 청력이 저하되자 눈앞이 캄캄하고 머릿속이 하얗다.
한 치의 빛이 보이지 않는 깜깜한 터널이었다. 갑자기 귀에서 물 흐르는 소리가 나더니 고막 천공이 되었다. 내 귀는 얼굴에 달린 장식에 불과했다. 소리를 듣지 못하니 상대방의 말에도 한참을 걸려 대답하는 어눌한 바보가 되었다. 그동안 쌓아 올린 튼실한 토담이 무너져 내렸다. 온 세상에 나 혼자 덩그러니 버려진 것 같았다. 소리로 인한 스트레스로 편두통이 올 때면 머리를 움켜쥐었다. 엎친 데 덮친 격이었나. 의료대란으로 수술 예약도 쉽지 않았다. 이 세상에 고치지 못할 병은 없다는 희망으로 기다리지만, 무언가 집중하는 순간엔 심한 두통이 일어났다.

세상은 다양한 소리로 가득하다. 문밖만 나가면 자동차 소리부터 온갖 소리로 시끌벅적하다. 그런데 내 귀는 고요하다. 눈이 안 보이면 사물과 멀어지고, 귀가 들리지 않으면 사람과 멀어진다는 말이 있다. 대화 중에 남의 말을 귀담아듣지 않았던 나의 이기심에 귀가 막힌 것은 아닌가. 소리는 계속 닫혀 가지만, 마음의 문으로 소리를 들으려 안간힘을 썼다. 수술 결과가 좋아져 소리를 들을 수 있다면, 그때는 내 목소리는 낮추고, 세상의 모든 소리를 겸허하게 받아들이리라.

그동안 사고로 인해 여러 번의 수술을 했다. 그러나 귀 수술만은 힘에 부쳤다. 제대로 들을 수 없으니 몸과 마음은 송곳처럼 날카로워졌다. 목을 돌릴 수 없으니 잠을 자는 밤이 두려웠다. 인내의 한계는 어디까지일까. 어둠이 내리면 책을 들고 병원 휴게실에서 날을 세웠다. 붕대로 칭칭 동여맨 나의 모습이 거울 속에 비쳤다. 마치 고흐의 자화상처럼 보여 피식 쓴웃음이 나왔다. 고통을 뒤로하고 웃을 수 있는 여유라니….

그동안 감사할 줄 모르고 살았다. 듣는다는 당연한 사실을 고맙게 생각한 적이 한번도 없었다. 눈, 코, 입은 다독거리면서도 귀는 늘 그 자리에 있으려니 하는 생각에 무관심했다. 그러나 뜨거운 냄비를 잡았을 때, 앗 뜨거워하며, 어느 사이 손은 귀에 가서 있었다. 그렇게 급할 때면 요긴하게 써먹고 고통만 주었다. 내가 필요한 가지가지 소리를 전해 주던 귀도 잠시 휴식이 필요했으리라. 시나브로 수개월이 지나고 어렴풋이 작은 소리가 들렸다. 아직도 목덜미의 고통이 껍진껍진 남아 있다.

운명의 문을 두드리며 절망을 박차고 나간다. 문득 난청을 이겨낸 베토벤의 〈운명〉 교향곡이 가슴으로 다가온다. 지금 내가 겪고 있는 시련은 한두 방울 떨어지는 빗소리에 불과하다. 어쩌면 사치스러운 엄살이 아닌가. 자신을 돌아본다. 왠지 모르게 얼굴이 달아오른다. 그러고 보니 문학은 소리로 쓰는 글이 아니기에 마음의 평정을 갖고 도전의 길을 찾았다.

나는 삶에서도 길치였다. 길눈이 어두워 정신없이 헤맸다. 허둥대며 달려온 길이지만 최선을 다했다는 자부심으로 가득한 날들이었다. 남들은 쭉 곧은 인생 도로를 여유롭게 가는 것만 같았다. 하지만 나에겐 안개만이 자욱해 가늠되지 않는 길이 펼쳐졌다. 마음은 물위를 떠도는 부평초처럼 허적거렸다. 언젠가는 번듯한 길이 나타날 것이라 믿었다. 그 길은 소리 없이도 글을 쓸 수 있기에 마음의 문을 열었다. 그리고 단단한 뿌리를 내려보리라.

남들보다 뒤처진 길이었다. 지름길로 가던 사람이야 급할 게 없지만, 돌고 돌아온 난 서둘러 가곤 했다. 더이상 길을 잃고 헤매고 싶지 않아서였다. 새로운 길에서 온몸이 속도 제한에 걸리지 않을까 두려운 마음이 엄습해 오곤 했다. 그러나 인생이란 빈틈없이 정성을 쏟으며 가야 하는 길이 아니던가. 서두름에는 축복이 깃들지 않는다는 말이 있다. 빠름이 최선의 길이 아니건만, 무지한 생각은 여전히 속력을 낸다. 주변을 돌아보면 세상은 여유롭게 가고 있다. 누가 등을 떠미는 것도 아닌데, 길 위에선 여전히 급한 마음이다. 언제부턴가 질주하던 속도를 살짝 줄인다.

새로운 길을 찾았다. 시련과 행복은 기찻길처럼 나란한 동행이었나. 들리지 않은 귀를 싸매고, 마감 두 시간 전에 지원서를 냈다. 뜻이 있으면 길이 있다고 했던가. 마침내 길이 보였다. 얼마 전 '예술창작지원금 수혜자' 통보를 받았다. 힘이 든 만큼의 기쁜 소식이었다. 지원금 수혜 선정의 행운이란 선물을 안겨 주려고 그러한 시련을 겪었던가.

인생길은 속도보다는 방향의 미로 찾기다. 막다른 길에서 다른 세상을 본다. 새로운 도전 앞에 내가 나에게 길을 묻고 찾아가리라.

매운맛, 풍경을 말하다

번화가에 핀 새빨간 꽃송이에 마음이 절로 빠진다. 가을볕이 활개를 치며 마당에 내려앉는다. 포장마차에 전시하듯 걸려있는 풍경이다. 마치 꽃집을 방불케 해 시선이 머문다.

우리 동네에는 '문화의 거리'라는 명소가 있다. 끝자락에는 오래전부터 음식을 파는 포장마차 두 곳이 자리를 잡고 있다. 가을에는 어김없이 천장 언저리에 빙 둘러 꽃이 핀다. 대여섯 개씩 묶어 고추를 매달아 놓은 것이, 화려한 꽃마차로 멋진 풍경이다. 쭉쭉 곧은 고추 속에 간혹 뒤틀린 것도 있다.

녹의홍상의 새색시처럼 곱다. 초록 꼭지의 빨간 고추를 보고 있노라니, 지난날이 떠오른다. 드레스를 벗고 한복으로 갈아입었던 나의 모습이 영화 한 장면처럼 스쳐 지나간다. 나도 그렇게 행복했던 때가 있었다. 모두가 곱다고 했던 그 행복도 잠시, 부지불식간에 초토화 되었다. 그리곤 그날 이후로 고추처럼 매운 삶은, 거센 밀물이 되어 몰려들었다.

삐뚤어진 고추는 아픔이다. 고추는 미련 없이 푸른빛을 털어내고, 붉은빛으로 변해야 한다. 그런데 다른 고추와 달리 곧게 자라지 못하고 뒤틀려 있다. 그것을 보고 있자니, 지난한 통고의 세월이 스친다. 모두가 평탄한 삶을 누리는데, 나의 인생만 구부러진 고추인 듯했다. 고추처럼 맵게 살아온 삶이었지만, 험난한 난관을 극복하려는 굳건한 의지와 인내로 나를 일으켰다.

고비마다 땡초 맛이었다. 여리게 보여도, 속은 약이 오를 대로 올라 독해져 있는 고추와 같은 나의 삶이었다. 하지만 어차피 내게 온 숙명이라면 피할 수 있으랴. '진통 없이는 무엇도 이룰 수 없다.'는 일념으로 매운맛을 삼켰다. 이제는 마음의 상처와 머릿속 고통도 몽땅 뒤집어 햇살 아래 걸어 본다. 희망의 시작이 될 수 있으려나. 마음의 풍경을 멋지게 가꿔보고 싶다.

매운맛에 정신이 번쩍 든다. 입맛이 당기기에 된장에 푹 찍어 맛있게 먹는다. 그런데 웬걸, 입안에 불이 난다. 어느 결에 땡벌 한 마리가 톡 쏜 것처럼 위에 강력한 충격으로 비명을 질렀다. 통증은 멈출 수가 없다. 얼굴은 마치 낮술 걸친 사람으로 오해를 받은 채 응급실로 직행했다. 지난날 질곡의 삶보다 더 매운맛이었다. 세상 살아오면서 어찌 단맛만 있으랴. 순간 매운맛은 '탁'하고 깨우침을 안겨 주었다.

풍경이 사뭇 다르다. 고추는 무더위와 비바람, 탄저병 등을 이겨내야 한다. 또한 강렬한 뙤약볕에 푸른색이 빨갛게 익어가는 고통을 감내해야만 한다. 고추는 비바람을 이겨낸 내공을 드러내지 않으며, 본분을 다하고 피를 토하듯 붉게 익었다. 잠시 나를 돌아본다. 나름대로 최선을 다해 살고 있다고 하면서도 때론, 힘에 겨워 구시렁거렸다. 그날의 교만한 마음이 부끄럽게 느껴져, 순간 빨간 고추 이상으로 확확 달아오른다.

고추의 매운맛에서 세상살이 알싸함을 배웠다. 고추가 붉은빛이 나기까지의 고통을 바라보며, 자연의 경이로움에 머리를 조아려본다. 혹시 자만自慢의 무게는 넘치지 않았는지. 무지했던 나를 반성하며, 자각과 성찰의 시간을 갖는다. 그리고 시련과 역경을 이겨낸 사람만이 뿜어낼 수 있는 나만의 색깔이 되리라.

농익은 색깔로 하나의 풍경이 되고 싶다. 아름다운 수채화처럼 욜그랑살그랑거리는 삶을 마음껏 향유하리라.

다시 날아온 민들레 깃털

봄이 아지랑이 속에 숨어 슬금슬금 오고 있다. 별꽃처럼 새하얀 민들레 홀씨가 바람에 흩날린다. 슬픈 내 마음밭에 내려앉으려는가.

흔하고 흔한 민들레의 꽃말은 행복·감사·저항이다. '일편단심 민들레'라는 말의 유래는 인상적이다. 사랑하던 사람이 있던 소녀가 이웃나라에 끌려가게 되어 자결했는데, 그 자리에 태어난 것이 민들레라던가. "내 사랑을 그대에게."라는 꽃말을 지닌 흰 민들레의 전설은 아이러니하기까지 하다.

전설의 번개 신인 제우스는 바람둥이였다. 제우스는 툭하면 문제를 벌이곤 했다. 부인 헤라에게 늘 욕을 먹어도 그는 바람을 거두지 않았다. 화가 난 헤라가 길을 걷는 도중 우연히 민들레를 보게 되었다. 민들레가 바람처럼 흔들렸다. 그 모양새가 바람둥이 남편을 닮았다고 생각했다. 그래 남편 제우스에게 대뜸 "이 민들레야!"라고 했다나. 정작 꽃말과는 다른 슬픈 이야기다.

그런 민들레의 깃털이 바람에 나부낀다. 그는 어디론가 날아 생명을 전파하려 한다. 옥토가 아니어도 좋다. 길가이고 돌밭이고 가리지 않는다. 누군가 즈려 밟아도 개의치 않는다. 끈질긴 생명력이 있다. 바람이 불면 잠시 눕지만, 이내 일어서는 '풀'과 같은 그의 생명력을 나는 사랑한다. 내게도 민들레보다 더한 아픔이 있기 때문이다. 상처로 단단히 굳어진 마음속에서 다시 날아갈 수도 없는 씨앗. 내 경우에는 사뭇 그러했다. 말할 수 없는 고통의 세월이 이어졌다.

아이들 교육에 힘들 때쯤이었다. 설상가상 교통사고로 인하여 목을 많이 다쳤다. 수술을 했지만, 오른손은 쓸 수가 없었다. 아픔으로 밤을 꼬박 새웠다. 두세 시간마다 진통제를 맞아가면서 마른 울음이 목에 걸려 눈물마저 나오지 않았다. 형용할 수 없는 상실감과 두려움을 떨쳐버리려고 이를 악물었다.

그런 고통 속에서도 불안과 강박을 견뎌내야만 했다. 이대로 민들레의 잎이 나오기도 전에 이울지나 않을까 하는 어두운 그림자를 지울 수 없었다. 모든 것이 절망의 나락으로 떨어졌다. 내 남은 생에 어떠한 영광을 얻으려고 이토록 짓밟힐까, 라는 생각이 들 정도로 고뇌의 시간이었다.

　위험을 무릅쓰고 재수술을 결정하던 날이었다. 병원에선 보호자가 없으니 어린 두 딸을 오라고 했다. 담당의사는 아이들에게 "어쩌면 엄마가 입만 움직이는 전신마비가 올 수 있다."고 했다. 그리곤 수술동의서를 써야 했던 아이들은 얼마나 놀라고 참담했을까. 하얗게 밤을 지새우면서 민들레의 강인한 생명력을 떠올렸다. 생명이 있는 한 이 고달픈 질곡의 삶 속에서 벗어날 수 있으리라. 실낱같은 희망이라도 움켜잡고 운명과 맞서고 싶었다.

　재수술하는 날이었다. 딸들은 마비가 된 내 오른팔에 입맞춤을 하면서 "우리 엄마는 잘 이겨낼 수 있다."라며 애써 고개를 돌렸다. 아이들의 버팀목이었던 내가 이젠 오히려 두 딸이 든든한 디딤돌이었다. 다행히 수술은 성공적이었다. 움직이지 못하던 팔과 손가락이 자유롭게 움직였다. 역경을 딛고 일어나고자 한 내 의지가 삶의 원동력이었다. 나는 그렇게 다시금 일어났다.

　지금 민들레 씨앗은 나의 마음속 텃밭에 내려앉아 뿌리를 내리고 있다. 따뜻한 햇살을 받아 한창 꽃을 피우는 중이다. 깃털이 살짝 고개를 든다. 날아가기 위해 가벼운 날개를 편다. 암울했던 마음일랑 훌훌 털어 비우고, 멀리멀리 드넓은 곳으로 날아가고 있다. 나의 꿈도 덩달아 날아오른다.

줄

　인생은 줄이다. 엄마의 탯줄을 끊고 나와 씨줄과 날줄로 위도를 가르는 지구상에 첫발을 딛는다. 뱃속의 탯줄을 잡고 놀다가 생명줄을 잡고 나왔다. 배냇저고리도 줄로 여미질 않는가. 이것이 처음 보호막이었다. 그 또한 결코 놓을 수 없는, 세상 다할 때까지 이어질 소중한 줄이었다. 독립된 인격체로 분리될지라도 혈연의 줄은 탯줄로의 천륜이 아니었던가.
　어머니의 탯줄이 끊긴 것이 서러워서일까, 새 생명이 태어나면 울며불며 세상에 알렸다. 대문에는 금줄을 쳤다. 그 집의 가족 외에는 다른 사람은 출입이 금지되고 또 삼갔다. 금줄은 인간 생활에 해를 끼치는 것을 금禁하는 것이 아니었나 싶다.

그 줄은 선택의 여지가 없었다. 연결망으로 시작한 줄은 사람이 끊으려 해도 세상 다할 때까지 이어질 소중한 혈연의 줄이었다. 내 삶의 많은 줄에서도 가장 질긴 것은 정이라는 줄이었다.

사람들은 다양한 줄로 이어져 살아간다. 처음엔 다가가며 맺어진 줄도 있다. 인연이란 놓으려 해도 놓지 못한다. 마음의 밑바닥에는 보이지 않는 줄, 삶이라 부르는 줄이 있다.

건널목에도 줄이 있다. 누구나가 쉽게 알아보도록 많은 개수의 하얀 줄을 긋는다. 얼룩얼룩하면 눈에 잘 띄기 때문이었다. 건널목은 영어로 'zebra crossing'이다. 얼룩말의 무늬를 닮아서다. 우리나라 건널목에 입구 바닥에, 전기로 연결된 줄에 불이 들어오고 있다. 이렇게 우리의 일상에서는 줄로 연결되어 있다.

나는 살아오면서 아무런 줄도 잡지 못했다. 그러나 몇 개의 튼튼한 줄은 좋은 인맥, 독특한 인연으로 이어졌다. 인연이란 줄을 따라 맺어지고 줄이 다하면, 형체 없이 사그라졌다. 삶에서 잘못 맺어진 줄은 낯선 이방인처럼 어색하게 다가가 부자연스럽게 맺어진 줄이었다.

누에고치는 껍데기 속에서 격렬하게 변화의 과정을 겪는다. 삶도 어쩌면 이와 같지 않으려나. 이별도 사랑의 줄도 모두 녹여 내어 변화하는 과정이다. 누에고치는 어둠 안에서 경계가 흐릿해지는 순간도 맞아야 하고, 분명 지치는 시간도 있다. 인생이란 누에

고치처럼 인내의 시간을 거쳐내야 존재의 전환을 이루어 내는 것이 아니려나 싶다.

안녕 제비꽃

"안녕!" 하며 제비꽃이 생글 웃는다. 들길에 피어 있는 보라색 제비꽃이 수줍게 얼굴을 내민다. 허리를 굽히고 그를 본다. 내가 겸손해지는 것 같아 좋다. 비록 가볍고 왜소해 보이지만 생동감 있는 모습이 가슴 뿌듯한 행복을 준다.

제비꽃은 나에게 삶의 지표를 던졌다. 더 낮게 엎드려야 삶에서 무탈하게 버티어 갈 수 있음을 알려 주었다. 그를 보면 탄성을 삼킨다. 내 생각에 기생하던 해충들이 수그러지는 듯한 쾌감이었다. 제비꽃은 작은 크기와는 다르게 매우 깊은 뜻을 지니고 있었다.

제비꽃은 야산과 들판에만 피는 꽃이 아니었다. 번식력이 강해 봄이면, 우리 동네 고샅길 화단에서도 쉽게 눈에 띄었다. 그 꽃 주변에는 개미 또한 많다. 씨앗에 들어 있는 '엘라이오좀'이라는 달콤한 젤리 같은 것을 개미집으로 가져가고, 씨앗은 아무 곳에다

버렸기 때문이라 한다. 자연의 생태계에서 적자생존은 유효했다.

처음에는 제비꽃이라는 이름이 아니었다. 그가 갖고 있는 꽃불 모양이 오랑캐의 머리 모양과 흡사해 오랑캐꽃으로 불리거나, 키가 작아 앉은뱅이꽃이라 했단다. 그러다가 꽃 모양이 날렵한 제비를 닮았으며, 강남 갔던 제비가 돌아오는 봄날에 꽃이 핀다고 해서, 제비꽃이라 개명했다고 한다. 요즈음 사람들도 개명을 하지만, 꽃이 개명을 했다니 한 웃음하고 가리라. 작고 여린 꽃에서 많은 의미가 들어 있어 신기할 뿐이었다.

오보록하게 피어 있는 제비꽃은 주변에서 쉽게 볼 수 있다. 화목을 느끼게 하는 그의 꽃말은 겸손과 충성 · 사랑 · 회복 등 다양한 의미를 담고 있다. 작으면서도 소박한 그의 외형과 잘 어울린다. 사람도 진정한 아름다움을 겉으로 드러나지 않으며, 고요하고 평온한 존재감으로 자리한다. 작은 꽃에게 인생에서 중요함을 배운다. 지난일이 떠오른다. 시든 풀잎과 낙엽처럼 삶의 의지를 잃기도 했다. 아프고 힘들었지만, 나도 그러하다. 삶이 어찌 순탄하기만 하랴. 그러나 행복한 기억이 나를 감싸 줄 겨를도 없이 숨가쁘게 달려왔다.

제비꽃은 나에게 자신을 낮추는 태도를 일러주었다. 낮추면 높일 수 있다는 것을, 고개를 숙여야만 더 높이 치켜세울 수 있다는 것을 작은 꽃의 모습으로 보였다. 이렇듯 인생의 진리는 자연 속에 들어 있다. 눈에 보이는 가시적 현상보다는 이면의 본질을 주시했다. 그곳에서 본연의 나를 찾아본다. 설움의 길은 아픈 눈물을 닦은 후에야 새로운 길이 보였다.

겨울의 혹독함을 견뎌 생을 지켜 낸 증거였다. 제비꽃처럼 작은 꽃을 바라보려면, 낮은 자세를 취해야 했다. 부족한 점을 깨우쳐 주었다. 너무 가녀려 볼수록 가긍스러운 작은 꽃이 세상을 아름답게 펼치고 있다. 나는 누구인가를 되돌아 본다. 나름의 가치가 있는 역할로 존재하고 있는지 제비꽃의 순수함은 고유한 가치의 중요성까지도 일침을 주었다.

행복은 사소한 곳에 있다. 때론 작은 것의 아름다움과 사랑스러움이 숨어 있음을 놓쳐 버리곤 했다. 들길을 지나다가 무심히 피어 있는 한 송이 제비꽃이 이렇듯 행복을 주었다. 혹여 살면서 사물의 겉모습만 본 것은 아닐까. 편협한 눈으로 세상 모두를 이해했던 것은 아니었을까. 보이는 것과 달리 내면의 깊은 뜻을 지닌 제비꽃이야말로 특별함이지 싶다.

어느 해 봄이었다. 종이컵에 심은 누군가 제비꽃을 문고리에 걸어 놓았다. 내가 가녀린 보라색 제비꽃을 좋아한다는 사실을 알고 있었던 누군가의 선물이리라. '안녕, 제비꽃' 누군가에게 보내는 인사인 양 낮게 읊조렸다.

제 3 부
춤사위, 눈물 한 모금

보자기

두 바퀴 행복

사슴의 울음소리

춤사위, 눈물 한 모금

소리에 취하다

되살아난 대박

움이 트다

두 손을 감추며

보자기

시야에 가득 골목길이 펼쳐졌다. 지나가는 사람들을 물끄러미 바라보는 할머니는 보자기에 싼 무언가를 움켜쥐고 의자에 앉아 있었다. 할머니의 늑진한 표정 속에는 지나온 삶의 흔적이 깃들어 보였다.

폐지 줍는 할머니는 비가 오고 눈이 오는 날도 한결같이 손수레를 밀고 다녔다. 골목길 어귀에 세워진 수레 앞쪽에는 울퉁불퉁한 보따리를 얹어 놓았다. 몇 해 전부터 눈에 띄었던 할머니의 등은 90도 가까이 굽어 있었다. 해가 뜨기 전에 나와, 늦은 밤까지 그녀의 노동은 쉴 사이가 없어 보였다. 어쩌다 틈을 이용해 잠시 낡은 의자에 걸터앉아 있는 것이 유일한 휴식이었지 싶었다.

찌는 듯한 무더위였다. 그런데도 할머니는 손수레를 밀고 다녔다. 여전히 보따리를 싣고서였다. 그녀의 보자기 안에는 무엇이 들어 있을까. 갑자기 궁금해졌다. 그녀의 지난날 꿈과 회한이 들어 있었던 것은 아닐까. 아직도 이루지 못한 꿈을 수레에 싣고 고샅길을 이리저리 배회하는 것은 아닌지. 할머니만의 꿈을 보자기에 간직하고 있는 시간일지도 모르겠다.

어느날 황금색 보자기에 싸인 선물이 왔다. 친구가 보낸 보자기 속 상자에는 맛있고 먹음직한 사과가 들어 있었다. 온난화 현상으로 금사과가 되었지만, 내가 유난히 사과를 좋아해서 보냈나 보다. 보기만 해도 침이 꼴깍 넘어갔다. 나는 고마움을 어떤 보자기에 담아 보낼까, 설렜다. 오래전에 골목길 동네에 함께 살았던 친구들은 유난히 다정다감했고 주고받는 정이 각별했다. 나의 아스라한 추억이 담긴 보자기를 열어 보았다.

보자기는 나를 앞세우지 않고 상대방의 요구에 먼저 따른다. 그들이 원하는 대로 감싸 주거나 어루만져 준다. 하지만 인간은 살아가는 동안 부지불식간에 남에게 상처를 주기도 한다. 나도 그러하다. 보자기처럼 감싸는 배려심이 늘 부족할 뿐이다. 다시금 깨우침의 마음을 보자기에 담았다. 보자기는 타인을 중심에 세우고 나의 자세를 낮추며 품어주고 감싸는 미덕의 상징이다.

서랍 속의 보자기를 꺼냈다. 파란만장하던 시절을 돌아보았다. 그 순간의 간절함과 아픔이 만든 일상의 퇴적과 풍화의 절리는 몸시도 힘들고 아팠다. 춥고 배고파도 자신의 숨결로 제 몸을 데워 가며 살아내야 한다는 누군가의 말처럼 삶의 길이고 운명이란 것을 되짚어보았다. 보자기 안에는 옹이 진 세월의 질곡이 흐늘거렸다. 새삼 가슴에 두 손을 얹어 보았다.

추적추적 비가 내리고 있다. 할머니의 폐지 수레에 실려있는 종이들도 비를 맞고 있었다. 그녀의 얼굴에선 빗물과 슬픔이 뒤섞여 흘러내리는 듯 보였다. 내리는 비를 아랑곳하지 않고 그녀는 힘겹게 수레를 끌며 건널목을 건너고 있다. 비에 젖은 종이의 무게는 아마도 삶의 무게만큼이나 버거웠으리라. 한 걸음 한 걸음 옮기고 있는 그녀를 바라보았다. 고달픈 삶에 희망의 등불이 밝혀지기를 바라는 마음으로….

세상 살기가 생각보다 어려웠다. 어찌 보면 인생은 비에 젖은 종이처럼 각자 주어진 무게를 감당하는 것이 아닐까. 내가 짊어진 무게를 돌아보았다. 인생이란 저울에 올려진 무거운 짐이 나를 살렸다는 깨우침이었다. 언젠가 짐을 푸니 무게만큼의 보람과 행복이 있지 않았던가. 때론 남의 힘겨운 삶의 무게도 보자기에 담고, 감쌀 수 있는 그런 사람이었으면 한다. 내 삶의 새로운 의미를 보자기 안에 담아보리라.

두 바퀴 행복

 자전거 핸들을 잡는다. 나의 손과 눈은 온통 안장에 오르면 전방에 집중한다. 앞바퀴를 돌려 방향을 보고, 균형을 잡으려면 페달을 움직인다. 두 바퀴는 어느 한쪽으로 기울어도 높낮이를 따지지 않는다. 속도를 줄이고 주위를 둘러보라고 하지 않는가. 자전거는 너무 빨리 가면 주변 경관을 볼 수 없고 방향을 잃게 된다고 한다. 천천히 달리면서 일상의 사물을 낯설게 보아야 한다. 어느 순간 두 바퀴가 내 곁으로 와 삶의 길잡이 역할을 한다.
 두 바퀴는 세상의 길 위로 흘러갔다. 페달은 너는 혼자가 아니라고 삶이 버거울 때는 다른 길도 있노라고 했다. 그리고 속도보다 방향의 중요성을 알려주었다. 모든 일에 깊이 생각하지 않으면 뜻하는 바를 얻지 못한다고 했다. 나아가 행동으로 옮기지 않는 것은 이루어질 수 없다고 넌지시 귀띔해 주었다. 그것은 깨우침이었다. 그는 나에게 이전의 개념에서 한 단계를 오르도록 만들어 주었다. 가끔은 가속보다 멈춤이, 인생의 밑거름이 될 수 있음을 일깨워 주곤 했다.

인생은 자전거와 닮았다. 때론 내 삶이 고달프다 구시렁거렸다. 그럴 때마다 두 바퀴는 무엇과도 비교하지 말라고 일침을 놓았다. 어디든 갈 수 있지 않는 기적은 한두 번에 일어나지 않는다고 서두르지 말라 했다. 바퀴는 언제나 나를 통제해 주었다. 불현듯 지난 시절 자전거와 함께한 사진을 넘겨 보았다.

소녀 시절이었다. 처음으로 커다란 짐 자전거를 탔다. 배우고 싶은 마음에 내 몸보다 크고 무거운 것을 타느라 비틀거리고 넘어져 무릎이 깨져도 너무 즐거웠다. 며칠이 지나서였다. 이젠 도움 없이도 언덕길과 내리막길도 무난했다. 얼굴에 부딪는 바람이 상큼했다. 인생길 또한 자전거를 배우듯이 처음에는 어려움이 따르지만, 익숙해지면 언덕길도 노련하게 오를 수 있다는 것을 미리 체험하지 않았나 싶기도 했다.

"넘어지는 것을 두려워하지 마라. 힘을 빼라." 처음 배울 때 들려오던 아버지의 말이 바람처럼 스쳤다.

어느 날 느닷없이 장애물에 부딪혔다. 인생에 쉬운 길은 없을 성싶다. 장애물에 걸려 넘어지고, 또 넘어서야만 하는 것은 삶이 아니던가. 내가 가야 할 방향이 보이지 않았다. 그것은 고난 속에서 자전거의 페달을 밟아야 하는 일은 지리한 삶에 대한 저항이며 생의 투쟁이었다. 나는 페달을 돌리고 있지만 발이 움직이는 대로 삶이 따라오질 않았다.

언덕을 오르는 다른 사람의 바퀴는 당차 보였다. 언제 저기에 도달할지 아득해 보였지만 삶의 오르막길에서 주저앉아 있을 수만은 없었다. 나는 목표를 향해 혼신의 힘으로 페달을 밟았다. 에둘러 빨리 가려 애쓰지도 않았다. 내가 가고 있는 길이 산고産苦의 고통일지라도 다른 길은 눈에 보이질 않았다. 뉘엿한 오후의 햇살처럼 서서히 세상의 길들이 내 안으로 빨려 들어오는 듯했다. 두 바퀴가 주는 행복이었다. 양쪽으로 늘어선 나무들은 가을의 끝자락을 아쉬워하듯 남아 있는 잎새 몇 개를 움켜쥐고 있었.

"넘어섬의 경험이란 지각 불가능한 것과의 피할 수 없는 마주침."이라는 질 들뢰즈의 언술이 떠올랐다. 내 삶에서 피할 수 없던 넘어짐의 경험도 피해 갈 수 있는 일이 아니었다. 그는 차이를 긍정적으로 보며, 같은 것이 반복되는 것은 차이를 만들어지는 과정이라 말하지 않았던가. 그러고 보면 마주침의 넘어지는 것 또한 변화하는 과정이었으리라. 삶의 길 위에 여러 번 넘어진 나의 무지함을 깨우쳤다. 많이 넘어져 본 사람일수록 쉽게 일어난다고 하지 않던가. 넘어지지 않는 방법만 알면 무엇하리. 결국 일어서는 법을 모르는 것을….

돌이켜보면 나에게 닥친 절망의 나락은 희망을 안고 왔다. 인생길은 평평한 길로만 가는 줄 알았다. "절벽에서 떨어지는 상황일지라도 아무것도 할 수 없는 것은 아니라고, 떨어지고 있으므로 하늘을 향해 볼 수 있다."던 누군가의 말은 절망 속에도 일어나야 한다는 의미가 담긴 듯했다. 그러고 보니 깊은 곳에 떨어졌어도 나를 부서뜨린 절망은 없었다. 삶에 지쳐 기진맥진하다가도 어디서 힘이 솟았는지 일어나곤 했다. 세상에선 끈기를 대체할 수 있는 건 아무것도 없는 듯싶다.

두 바퀴에 삶을 얹었던 깨우침의 변화로 소소한 행복을 얻었다. 반전의 꿈 또한 나의 의식에 잠재되어 꿈틀거린다.

사슴의 울음소리

사슴 한 마리가 낮은 언덕에서 울고 있다. 온 산을 타고 울려 퍼진다. 그 소리는 울음이 아니고 먹이를 찾은 기쁨의 고함이다. 녹명鹿鳴이다.

그것은 배고픈 다른 사슴들을 부르기 위한 울음소리였다. 세상에서 가장 아름다운 울음소리가 아닌가. 다른 짐승들은 먹이를 발견하면 혼자 먹고, 남은 것을 숨기기 급급한데 수많은 동물 중에서 사슴은 먹이를 발견하면 함께 먹자고 동료를 부르기 위해 운다고 했다. 사슴 무리가 평화롭게 풀을 뜯는 풍경에는 홀로 사는 것이 아니라 함께 살고자 하는 녹명의 마음이 담겨 있었다. 현대사회를 사는 우리가 배워야 할 현상이 아닐까.

"모가지가 길어서 슬픈 짐승"이라고 시인은 말했다. 긴 목과 우아한 몸매 늘씬한 두 다리는 귀족 같은 고고함을 지니고 있다. 커다란 눈망울은 정겨움과 아름다움을 드러내 보였다. 그뿐인가. 뿔은 녹용으로 마지막까지 우리 인간에게 유익하게 한다. 그래서인지 사슴은 우리 민화 속에서 장수를 상징하는 십장생의 하나로 꼽고 있다. 사슴은 복을 갖다 주는 동물로 알려진 아름답고 멋진 짐승이었다.

그런데도 난 사슴만 보면 왠지 모르게 가슴이 먹먹해 왔다. 아마도 화가 프리다 칼로의 작품 〈상처받은 사슴〉 속의 아픔 때문이 아닐까 싶다. 여러 차례의 수술과 시술로 인해 나의 육신은 한 마리의 사슴처럼 속울음을 울고 있다.

사슴은 욕심이 없다. 생이 다하는 날까지도 남김없이 주고 간다. 미물의 짐승은 나눠 먹으려고 고함을 지르는데, 우리 사회는 서로 안 주려고 고함을 지르고 있지 않는가. 사슴이 우리에게 던지는 커다란 교훈이 아닐까.

춤사위, 눈물 한 모금

 텔레비전이 시선을 확 낚아챈다. 아릿한 노랫말이 귓가를 스친다.
 "줄을 타면 행복했지 춤을 추면 신이 났지."라며 바야흐로 외줄타기 춤판이 벌어진다.
 어름사니는 신명나게 춤을 춘다. 부채 하나 들고 줄 하나에 몸을 맡긴다. 뒤로 종종 두 걸음을 걷는가 하면, 엉덩방아를 찧는 반동으로 솟구쳐 비상한다. '탁'하고 멈추는 순간, 사뿐사뿐 구름 위를 걷는다. 그리곤 외줄 위에서 양반다리로 앉아 웃음도 보낸다. 웃고는 있지만 웃는 것이 아닌 듯하다. 겉으로는 웃고 속으로는 운다던 피에로처럼 수련의 고통을 이겨 내야만이 흔들림 없이 그 자리에 우뚝 서는가.

밧줄 위에 무뎌진 아픔은 얼음꽃처럼 보인다. 광대는 행복한 순간이라 하지만 동시에 위태로움도 공존하는가 보다. 줄을 타기 위해 얼마나 많은 고통을 감수할까. 줄 위에서 곡예를 펼치는 묘기를 보고 있자니 내면의 아픔이 되살아난다. 줄타기는 아슬아슬 곡예하듯 살아온 나의 인생과 참으로 닮은 듯싶다. 지난날이 떠오른다.

광풍은 순식간에 모든 것을 휘감아 버렸다. 결혼 후 오 년 만에 사업을 하던 남편은 아장아장 걸음마를 시작한 두 아이와 빚만 남겨놓고, 돌아올 수 없는 길을 갔다. 한 편의 멋진 그림을 그렸던 삶은 조각조각 흩어진 퍼즐 조각이 되었다. 원망하고 미워할 사이도 없이 혼자 남은 삶은 절망과 역경의 골짜기를 헤매는 두견새가 되었다. 그러나 '인생의 고난을 멋들어지게 헤쳐 나가면 행복이라는 큰 선물을 얻지 않을까.' 하는 생각에 힘을 얻었다.

나는 아름다움을 연출하는 직업인이었다. 연습도 없이 낭창낭창한 줄에 올라야 했다. 벼랑 끝에서도 겁 없이 한발 한발 도전을 멈추지 않았다. 칼날처럼 날카로운 외줄 위에서 한 손에는 가위를 들고 머리카락을 자르고, 또 한 손엔 꿈을 쥐고 중심을 잡았다. 손님이 밀물처럼 몰려와 다행이지 싶었다. 줄타기는 숨이 턱턱 막히고 온몸이 땀으로 범벅이 되면, '눈물 한 모금' 삼켰다. 인생의 외줄 타기는 무아지경無我之境에 빠져들었다. 경이로운 힘은 어디에서 나오는지. 줄타기의 춤사위는 신나는 작업으로 변했다.

가끔 슬픔이 쓰나미처럼 밀려왔다. 흐린 경계 위에서 위태롭게 발을 딛고 서 있었다. 어둠을 헤치며 외줄을 타야 했던 질곡의 세월이었다. 인생의 춤사위를 지켜보고 있었던 자식들에게 아픔과 눈물만 주지 않았나 싶다. 누군가 그랬다. "인고의 세월을 거쳐야 바로 설 수 있다."라고. 딸들이 올곧은 길을 걸어갈 수 있도록 온몸을 던진 어미가 되어 외줄 위에서 곡예를 펼친 삶이었다.

광대의 춤은 신명나는 놀이로만 보았다. 이 끝에서 저 끝까지를 아우를 수 있는 능력을 갖춘 듯싶었다. 고객이 원하는 다양한 헤어스타일을 연출하고 있음에 스스로 놀라움을 금치 못했다. 줄 위에서 뒤로의 걸음은 위기에서 이보전진二步前進을 위해 일보후퇴一步後退하라는 삶의 지혜를 터득했고, '탁'하고 멈춤의 순간에서는 인생사의 진실을 정면으로 응시하라는 통찰의 순간임을 배웠다. 그리고 양반다리로 앉아 웃음을 보낼 때는 여유를 갖고 방향과 목표를 잃지 말라는 깊은 울림이 되어 깨달음으로 다가왔다.

어름사니의 춤사위는 나의 삶을 크게 변화시킨 마음의 성찰을 깨우치는 계기였다. 다다른 행복의 길에 여유롭게 머무르며, 인생의 외줄 위에서 '눈물 한 모금' 삼킨 쓰라린 잿빛 상처를 당당하게 날려 보내고 싶다.

소리에 취하다

 풍물 소리가 들리면, 나도 모르게 몸이 흐느적거렸다. 벼가 노릇노릇 익어갈 무렵 여남은 살 때였다. 동생들 돌보는 일을 뒤로 한 채 아버지와 함께 들판에 나갔다. 너른 들판은 마치 사자가 달려오는 듯 현란했다. 논 한가운데 팔을 벌리고 벙거지를 쓴 면상이 일그러진 허수아비도 보였다. 그런데 참새 떼가 벼이삭 위에서 콩 튀듯, 팥 튀듯 요란했다. 아버지는 혀를 쯧쯧 차며 걱정이 태산 같았다.

 "저놈의 참새들이 우리 양식을 다 먹게 생겼다."

 "이것을 가지고 힘차게 치거라." 하며 나의 작은 손에 찌그러진 깡통과 부지깽이를 쥐여주었다. 그리곤 아버지는

 "그래야 보릿고개를 잘 넘길 수 있단다."라며 당신은 벼를 가

르고 잡풀을 제거했다. "훠이훠이!" 하는 목소리가 힘찼다. 하지만 참새들은 그 정도는 알 바 아니라는 듯 허수아비를 세워놔도 눈 하나 깜짝하지 않고 낟알을 쪼아 먹었다. 깡통 소리가 들리면 비로소 우르르 날아갔다. 그러다 기척이 없으면 어김없이 다시금 몰려왔다.

  요즘과 달리 그 시절엔 소리나는 놀잇감이 없었다. 친구들과 고무줄이나 사방치기, 오자미 놀이가 전부였다. 틈틈이 동생들을 돌봐야 하는 중책이 내게 주어졌다. 하지만 아기들이 앙앙 울어대면 때릴 수도 없고 달래는 일이 그리 만만찮았다. 새를 쫓는 그 일조차도 내겐 신이 나는 놀이였다. 깡통을 마구 치면 어깨까지 들썩거렸다. 게다가 참새들의 우르르 날아가는 소리마저 통쾌하기 짝이 없었다. 벼가 고개를 숙일수록 새를 쫓는 일만은 나 홀로 신명나는 놀이였다. 하지만 그런 소리에 취했던 시간도 시냇물처럼 흘러갔다.

  탈곡기 돌아가는 소리가 온 마을에 진동했다. 풍년을 알리는 풍악 소리가 윗마을과 아랫마을까지 들렸다. "올해는 우리 딸이 깡통 소리를 제대로 내서 쌀이 많이 나왔다."라는 아버지는 너털웃음 담긴 외침이 정겨웠다.

  "커서도 진심이 담긴 청명한 소리로 울림을 전하거라."라고 했던 당신의 그 말이 무슨 말인지 몰라 웃음으로 답했다.

시나브로 세월이 흘러 뒤돌아보았다. 황금벌판의 참새 떼들 재잘거림이 솜털처럼 나의 가슴으로 들어와 차곡차곡 쌓였다. 추억 속의 깡통을 꺼내본다. 역시 빈 깡통은 소리가 요란했다. 살면서 빈 깡통은 되지 않으리라. 절로 웃음이 나왔다. 그 뒤로 새해이거나 한가위 명절에는 소리를 찾아 고궁의 행사장으로 발길을 향했다. 꽹과리 · 장구 · 징 소리가 들리면 온몸이 찌르르해 왔다.

어디선가 휘모리장단 소리가 들리는 듯하다. 허정허정한 몸으로 음을 맞추며, 소리에 취한 발걸음이 꿈틀거린다.

되살아난 대박

'안스리움'의 붉은 잎이 꽃도 아니고 잎도 아니다. 포엽이라고 한다. 꽃처럼 보이지만, 꽃보다 더 찬란하다. 안스리움은 생존 전략이 뛰어나다. 어린 꽃을 보호하기 위해 변형된 포로 꽃을 감싸고 있다. 불염포佛焰苞라 불리는 '꽃턱잎'은 일산화탄소 제거 능력이 뛰어나 공기정화 작용으로 일등공신이다. 홍학처럼 긴 대공이 올라와 빨간 꽃잎이 피어난다. 그것들이 사시사철 우아한 자태를 뽐내며, 나를 즐겁게 한다.

어느 날 막내딸은 커다란 화분을 데리고 왔다. 항아리처럼 배가 불룩했다. 그 안에 심겨진 식물에 눈길이 갔다. 자르르 윤기가 흐르는 키가 큰 안스리움이였다. "엄마, 한번 키워 보세요. 엄마의 건강에 대박을 바라는 선물이에요."라고 생글거렸다. 이름까지 지어왔다며 '대박'이라는 명찰을 가리켰다. 그 이름에 의미가 있지 않을까. 아이의 깊은 뜻이 마음에 와닿아 코끝이 찡했다.

나의 몸은 고장난 시계처럼 늘 삐걱거렸다. 그러다 보니 건강 상태는 바닥까지 내려갔다. 아마도 딸애는 그런 내가 염려스러웠나 보다. 그런 연유로 대박이라는 이름을 붙인 것이리라. 비 온 뒤 끝처럼 해맑아, 이제라도 딸애의 바람대로 반려 식물과 더불어 힘을 내야겠다. 안스리움으로 인해 매일이 기쁨으로 가득했다. 마냥 곁에 두고 보고픈 사람처럼 보고 또 보아도 상큼했다.

동살이 트면, 한 잔의 차를 들고 화분 앞에서 아침을 열었다. 밤 사이에 혹여 목은 마르지 않았는지, 신선한 새벽바람을 맞으며 하트 모양의 빨간 잎과 미끈한 원기둥 모양과 눈맞춤을 했다. 내 눈길에 응답하기 위해 몽우리가 열리는 성싶었다. 건강한 잎도 큰 키를 자랑하며 나풀거렸다. 큐피드 화살을 마구 날리는 그 모습에 어느결에 콩쾅거리는 내 가슴의 박동 소리가 그에게 전이되는가. 나는 그에게 다가가 귓속말로 '대박아, 우리 오늘도 아리아리하자.'고 속삭였다. 이렇듯 우린 교감으로 이름처럼 어제보다 나은 반전의 꿈을 꾸었다.

한 치 앞도 모르는 것이 인생이라 하던가. 사고는 한순간에 일어났다. 집안도 안전한 곳은 아니었나. 거실에서 다리가 꺾이면서 넘어졌다. 발목의 인대가 끊어진 것이었다. 수술을 해야 한다는 진단이 나왔다. 입원날이 다가올수록 걱정이 앞섰다. 내 걱정은 뒷전이고 집을 비우게 되면 식물들은 어쩌나. 대야에 물을 가득 채워 담가놓으면 되려니 했다. "넘치면 모자람만 못하다."라는 말이 있듯이 그 말을 실감케 했다.

퇴원 후 집에 돌아왔다. 그런데 아뿔싸, 많은 양의 수분으로 그가 넘어져 비실이가 되어 있었다. 상련지정相憐之情의 미안한 마음이 가득했다. 안스리움은 며칠이 지났는데도 쉽사리 일어날 낌새가 보이지 않았다. 때마침 봄비가 내렸다. 혹시 비가 약이 되지 않으려나, 아픈 다리를 절룩이며 베란다로 옮겨 흠뻑 비를 맞혔다.

'유레카!' 뾰족한 초록이 움을 틔웠다. 어둠 속에서 절망을 넘어서고, '대박'이 소생한 것이었다. 삶의 시련이 불행만을 안겨주는 것은 아니었다. 무심코 스친 식물에서 생명의 강인함을 배웠다. 건강의 적신호에 좌절했던 나는 고난과 역경을 이겨낸, 안스리움을 보며 기운을 얻었다. 녀석이 나를 위해 꽃을 피운 양 반가웠다.

꽃 대신 꽃잎을 피운 안스리움을 노래한 어느 시인의 시구가 와 닿았다. 꽃인 줄 알았는데 꽃 아닌 꽃잎이란다. 꽃의 꼬리란다. 하냥 조화 같아서 금속의 소리가 들리는 듯해서 기이하게 쳐다보곤 했는데, 세상엔 꽃 대신 꽃잎을 피운다. 그의 꽃말처럼 꽃이 아닌 꽃잎이 되기까지의 번민과 고뇌를 의미하고 있다. 꽃이 피기 전까지 땅속에서 오랫동안 어두운 모습으로, 묵묵히 기다림에는 진실과 신비로움이 들어 있지 싶다.

　시련의 타래를 빠져나오기 위한 대박의 꿈은 헛되지 않았다. 매사에 희망을 끌어안으면 기적이 오려나, 대박처럼….

움이 트다

　화분 한쪽 귀퉁이에 연둣빛 움을 트고 배시시 웃고 있다. 튼실하게 움을 틔운 진한 감동이 눈이 부셨다.
　어찌된 일일까. 심지도 않았는데 움이 올라오다니. 신기한 일이었다. 두텁고 무거운 흙을 뚫고 나오기까지의 살기 위한 몸부림이 얼마나 컸으랴. 식물에게도 움트는 시간이 있다. 필요한 시간만큼을 기다리기도 했으리라. 때론 추위와 더위도 감내하며 모진 시련에도 싹트고 움이 돋아난 것이었다. 혹독한 시련을 견뎌 내고 올라온 것이었다.
　내 안의 움은 언제 트려나. 고뇌와 사색의 시간은 길고도 긴 어둠의 시간이었다. '희망'이라는 것이 존재는 할까. 어리석음과 지혜로움 사이에서 나는 여전히 움을 틔우고 싶었다. 그런데 마침내 가슴안의 작은 씨앗이 꿈틀거렸다. 나의 삶에 움이 튼 것이었다. 더불어 꽃을 피우고 싶다는 열망도 부풀어 올랐다.

인생은 결승점이 없는 마라톤과 같다. 처음부터 전속력으로 달리면 중간에 지쳐 포기할 수 있다. 그러기에 페이스 조절을 해야 했다. 결국 홀로 달려야 하는 길이었다. 그것은 나와의 고독한 싸움이다. 마라톤에서는 숨 고르기가 필수다.

가끔은 걸어온 길을 돌아본다. 내가 온 길은 바른길이었을까. 눈물을 닦은 뒤에야 문득 새로운 길을 볼 수 있었다. 시련을 극복해야 진정한 삶이 찾아온다고 했다. 시련에 살아남기 위한 안간힘으로 버티니 새로운 길이 보였다. 그리고 내 옆에서 보는 자연은 책보다 더 많은 것을 가르쳤다. 자연에서 더불어 어리석음을 깨달았다.

날이 새면 난 또 신발 끈을 묶는다. 움을 틔우려고 나갔다. 노자는 곡즉전曲則全, 즉 굽히면 진실로 온전함이 돌아온다고 했다. 그러나 우리는 굽힘, 파임, 낡음의 상태를 패배자의 모습이라 여기기도 한다. 단지 드러나는 현상에만 집착하고 겉면만 바라보고 있다. 사물의 현상보다는 이면의 본질을 파악하고 부분에 매몰되지 않으며 전체를 바라보아야 하리라. 수탉은 아침이 밝았음을 알릴 뿐, 아침을 기다리지 않았다.

내가 가는 길에 튼실한 움이 돋아나길….

두 손을 감추며

하얀 꽃비가 봄바람에 춤을 춘다. 철길 옆은 화사한 꽃들이 늘비하다. 나는 오늘도 전동차에 오른다. 그런데 갑자기 옆자리에 앉은 두 여인의 손에 내 눈이 정지된다. 그녀들의 손은 어린 시절 우리 집 뒤란에서 보았던 꽃밭 같다. 손톱엔 다양한 꽃들이 피어 있다. 마치 별똥별이 떨어져 앉은 듯 각양각색의 보석도 있다. 그녀들의 손을 움직일 때마다 고추잠자리가 맴돌며 춤을 추는 듯 보인다.

나는 꽃밭에 취해 있었다. 전동차는 급한 일이라도 있는가, 마구 달린다. 어머나! 그녀들의 향기 없는 꽃밭에 취해 내려야 할 정류장을 두 정거장이나 지나쳤다. 나는 두 손을 뒤로 숨긴 채, 내릴 생각을 하지 않고 멈칫거렸다. 아마도 그녀들의 손과 내 손을 비교하며 스스로 자존감의 상처를 받았나.

숨기고 싶은 마음이 요동쳤다. 얼른 주머니에 두 손을 넣었다. 내 손에는 삶이 지나간 흔적이 남아있음을 어쩌랴. 수술 자국이 선명한 손을 남에게 들키고 싶지 않았다. 그래서 대중교통을 이용할 때는 더욱 신경이 쓰였다. 몸의 어느 한 부분인들 소중하지 않은 곳이 있으랴만, 두 손에 대한 아픈 마음은 좀처럼 떨쳐낼 수가 없었다. 삶의 흔적이 고스란히 담긴 고통의 훈장이 아닌가.

가던 길을 되돌아 왔다. 돌아오는 길이 그리 먼 길이 길이건만, 왜 그리 지루하게 느꼈을까. 발을 멈춘다. 우두커니 서서 두 손을 들여다보지만, 역시 마른 장작개비처럼 볼품없는 손이다. 어쩔 수 없지. 이 또한 주어진 내 몫이라 생각하고 감내하며 살아오지 않았던가. 생의 아픔이 울컥거려 혼자만의 속말을 쏟아낸다. '네 손이 어때서? 괜찮아 괜찮다니까.'

마음의 들창을 열었다. 몸으로 깨우쳐 얻은 자신감이다. 못생긴 두 손이다. 이제는 감추지 않으련다. 이 손으로 나만의 멋진 문학의 집을 만들고 싶다. 손가락의 움직임이야 마음대로 되지 않는다. 그러나 단단한 토대로 나만의 진솔한 내음이 담겨있는, 낯설고 울림이 있는 문학의 집을 지으리라. 오늘도 그것을 위해 전동차에 오른다. 어느새 습관처럼 두 손을 감춘다.

제 **4** 부

호미

속울음, 어깨에 얹다

물푸레나무

가마솥 두 줄기

호미

찬란한 슬픔

새벽 옥잠화

소쿠리에 담고 싶다

꽃신

속울음, 어깨에 얹다

 주변이 온통 회색이다. 한 마리의 새가 울음소리를 발등에 떨군다. 새는 흐릿한 상像으로 망막 속에서 어른거리며 파문을 일으킨다.
 발길을 멈춘다. 무리를 이탈한 새 한 마리가 배회하며 수굿이 구우구우 울고 있다. 그 울음소리가 처량하고 가슴 아프다. 그가 부스러기를 찾는 듯 주위를 살핀다. 그러나 새는 외발에 발가락을 반만 가지고 있다. "가장 낮은 곳에 있는 발은 지나온 삶을 그대로 보여 준다."는 말이 생각나 울컥하는 마음이다. 어떤 사연에서인지 한쪽 다리를 잃은 녀석이 길가를 서성인다. 삶의 자취가 남아 있는 한 발로 낭끝에서 희망을 쪼고 있다.
 근래 도심을 배회하는 비둘기의 입장이 난감해 보인다. 한때는 평화의 상징이라고 했다. 그런데 지금은 도시 환경을 저해한다는 이유로 유해 야생동물로 지정되었다. 공원에서는 모이도 주지 말라고까지 한다. 한낱 날짐승에 불과하지만 외다리가 되었으니 애처롭고 안타깝다. 그리고 보니 한 발로 걷는 나의 모습이 비둘기와 흡사하다. 녀석은 무엇을 얻고자 깨금발 딛고 거친 바람 속을 휘적휘적 다니고 있단 말인가.

간절하고 절박함으로 웅크리고 있는 내 모습이 보인다. 그런데 어찌하랴, 비바람을 막아줄 가림막이 없었으니. 산목숨 차마 어쩌지 못하고 외발이 되고 말았다. 살기 위해 어둠에서 빠져나오는 그 길은 힘들고 서러웠다. 생존의 무게를 짊어진 채 비상을 꿈꾸는 듯 몹시도 처연한 모양새다. 그나마 상처와 설움을 나름대로 추스르며 서성이니 다행이지 싶다. 그리고 보면 생명이 있는 모든 삶에는 각자의 무게가 실리는가 보다. 어느새 동병상련同病相憐의 아릿함이 가슴을 파고든다.

석양이 발에 내려앉는다. 혹독한 고통의 바람이 온몸을 파고든다. 수술로 인한 나의 다리는 깁스로 크나큰 돌덩이를 달아 놓은 듯 꿈쩍도 하지 않는다. 차마 소리내어 울지 못한 속울음은 어깨에서 발을 내려다본다. 시련이 던져주는 의미와 가치는 무엇이려나. 아직도 내면의 깊이가 부족한 탓일까. 끝이 보이지 않는 고통의 길이지만, 고난 앞에서 깨우침을 담금질하리라. 그때쯤이면,

녀석도 성치 않은 몸이나마 모기작모기작거리며 나의 앞을 서성일 것이다.

가슴에 묻은 속울음이 아삭아삭 씹힌다. 행복도 잠시 한순간의 높은 파도에 휩쓸려 갔다. 텅 빈 공간을 맴도는 가난 속에서 눈앞에 펼쳐진 것은 낯섦과 고빗사위뿐이었다. 남은 자의 몫은 어둠뿐인지 그동안 드러낼 수 없는 큰 슬픔은 어깨로만 울곤 했다. 난파된 둥지라도 지키기 위해, 예리한 칼날 위에 곡예를 펼친 삶이었다.

실낱같은 빛이 보였다. 고사리 같은 손과 눈빛에는 그렁한 눈물이 아닌, 기쁨과 희망이 가득했다. 이보다 값진 선물이 어디 있으려나 싶었다. 힘에 부칠 때마다 움돋이처럼 꼬물꼬물한 딸들을 떠올렸다. 아픔 속에서도 살아야 할 크나큰 이유였다. 작은 움이 가지를 펼 수 있도록 의무를 다하고 싶었다. 남루한 둥지를 지키며 빈곤의 틀에 머물지 않으려는 삶의 진통은, 오히려 성장통이 되어 인생의 참뜻을 깨닫게 되었다.

일로매진一路邁進의 길이었다. 지난한 삶의 경계를 허물고 싶었다. 행여 아이들의 손을 놓을까 봐 노심초사했다. 폭풍우 속에서도 딸들이 단단하게 설 수 있도록 치열하게 살았다. 엄마의 이름으로 지키려는 굳은 마음뿐이었다. 그렇다. 하늘이 전부 새의 길이듯, 그중에 우리의 빛나는 길 하나 있지 않으려나.

오로지 뚝기로 견뎠다. 반복되는 고통으로 나의 육신은 한없이 작고 비루하게 느껴졌다. 삶의 속절없음은 만물의 영장을 자처하는 인간이나 미물이 다를 것 없었다. 그러고 보니 사람의 일생도 아픈 새의 운명과 비슷하지 않을까.

삶에 지쳐 무기력해질 때면 각성의 나래를 펼쳤다. 자꾸만 휘청거리고 넘어지거나 삶의 허무함이 울분처럼 가슴을 치밀어 오르면, 지난한 통고 과정을 지나야 걸을 수 있으러니 생각했다. 그때 다리 하나를 잃은 가엾은 녀석이 나의 앞에서 머뭇거렸다. 주의의 천적 속에서 모진 시련을 이겨낸 녀석이다. 순간 고통을 모두 털어냈는지, 날개를 펴고 높이 비상하기 시작했다. 아픔을 잊은 듯. 모진 세파를 씩씩하게 이겨낸 미물인 작은 새가 깨달음을 던져주고 높이 올랐다.

시련 속에서 최선을 다한 너볏한 딸들은 어려운 상황을 슬기롭게 헤쳐 나갈 수 있는 삶의 원동력이자 풍성한 열매다. 어느 순간 숨바꼭질하듯 숨어 버렸던 행복도 다문다문 튀어나올 것이다.

그린나래 달고 사락사락한 발걸음 내딛고 싶다. 저 먼 창공을 향해 웅비하는 꿈을 꾸는 나르샤가 되어 보리라.

물푸레나무

 물푸레나무가 아침을 열었다. 동이 트면 서로 안부를 주고받는 문인이 있다. 그녀는 아무런 말도 없이 한 장의 물푸레나무 사진을 보냈다. '왜일까.' 그러고 보면 그녀의 성품은 늘 푸르름으로 가득한 모습이 이 나무와 닮지 않았나 싶다.
 물푸레나무는 물을 푸르게 한다는 의미를 담고 있다. 《동의보감》에 의하면 나무의 껍질을 벗겨 우려낸 물로 눈을 씻으면 미세먼지로 탁해진 눈이 밝아진다고 한다. 그러고 보면 나무의 껍질까지도 유익한 나무다. 나무가 몸속에 청색을 지니고 있다는 사실이 신비스럽다. 나무 한 그루가 뿜어내는 효능이 숭고하기까지 하다. 어릴 적 사랑방에 걸려있던 회초리도 깊은 뜻이 들어 있었을까. 문득 유년 시절의 그 나무에 들어 있는 장면들이 떠오른다.

목질이 낭창낭창하고 단단한 물푸레나무였다. 아버지는 그것을 아궁이 불에 구워가며 다듬었다. 여러 가지 모양의 틀을 잡았다. 코뚜레, 도낏자루뿐만 아니라 보리나 콩을 털 때 쓰는 도리깨도 만들었다. 여러모로 유용한 나무를 당신은 농사도구로 만드는 일에 필요한 이골이 났지 싶다. 저녁나절에는 툇마루에 앉아 종일 만들어 시렁에 걸어 놓은 그것들을 바라보며, 입가에 웃음이 만개했다.

어린 송아지가 중간 소가 되는 날이면 아버지와 동네 분들이 중간 소를 붙잡고, 물푸레나무 코뚜레를 코에 끼웠다. 어른이 되기가 싫었을까. 그놈은 음매 음매 울고, 어미 소는 새끼가 안쓰러워 겅중겅중 뛰고 한바탕 난리를 치러야 했다. 말 못 하는 짐승에게 고통을 주는 것이 미안해서 나는 고개를 돌렸다. 아버지는 "저놈은 코뚜레를 안 하면 말을 듣지 않는다. 물푸레나무처럼 말을 들으면 좋으련만, 오죽하면 소고집이란 말도 있겠느냐."라고 했다.

시나브로 소의 고통의 시간이 지났다. 그리고 뚜레가 익숙해질 무렵이면 아버지는 나무판으로 땅꼬마 마차를 만들었다. 코뚜레를 한 소로 훈련시키는 장비였다. 소가 처음으로 농사일을 돕기 위해 연습하는 날이었다.

"오늘 소가 처음으로 마차를 끌어 보려고 한다. 소로 훈련하려면, 사람이 타야 한다. 마차 타고 싶은 애들 있으면 데리고 오너라." 하면 나는 신이 났다. 얼른 친구들 대여섯 명을 불러 모았다.

우리들은 마차 타는 것을 좋아했다. 거기에는 아버지가 만든 새끼 줄 손잡이도 있으며, 짚으로 만든 똬리 모양의 방석도 있었다. 소는 구불구불한 시골길을 먼지를 날리며 서서히 걸었다. 그런데 어느 순간 화가 났는지 냅다 도망치듯 달리기 시작했다. 그럴 때면, 우리는 악악 소리를 지르면서도 너무 재미있었다. 돌이켜 보니 나는 즐거웠지만, 아버지는 소고삐를 잡은 채, 걷고 뛰느라 얼마나 힘이 들었을까. 철없던 시절은 이내 가슴을 아리게 했다.

어린 소는 혹독한 과정을 치렀다. 우리네 인생길 역시 연습도 없이 흐르고 있으니 얼마나 조심스럽단 말인가. 바닥의 차가움을 딛고 다시 일어선 지난날을 돌아본다. 이제는 견딜만하고 살만하지 않은가. 살아온 날들은 연습이라 생각하리라.

휘어지더라도 부러지지 않은 물푸레나무처럼 삶을 살아온 나에게 고맙다. 그녀가 보내 준 물푸레나무 덕분으로 어린 시절의 아름다운 추억으로 남겨진 한 컷을 다시 꺼내 본다.

가마솥 두 줄기

 나에겐 무쇠로 만든 작은 가마솥이 있다. 그것을 계절마다 꺼내 닦아 사용할 때가 있었다. 고슬고슬하게 지어내는 가마솥 밥은 잊을 수 없는 고향의 맛이었다. 어릴 적 고향 집 부엌에는 크고 검은 가마솥이 있었다. 옛 추억이 그리워 작은 가마솥을 사들인 때에서 강산이 서너 번은 변한 시간이 흘렀다.
 가마솥은 나에게 먼 옛날의 전설이 되었다. 어머니의 손끝으로 지어지던 밥 대신 지금은 편리한 전기밥솥이 자연스러운 현상이 되었다. 가만히 앉아서도 음성으로 취사 완료가 확인되는 편리함까지 누린다. 반면 양은 냄비의 밥 짓는 시간이 훨씬 빠르지만, 제대로 밥이 퍼지지 않는다. 진득하지 못한 우리의 성향을 빗대어 냄비 근성을 가졌다고 한다. 무엇이든지 "빨리빨리" 라니 부끄러운 모습이다. 이제는 고향집 부엌에 걸려 있던 우직하고, 성실함이 있었던 가마솥이 그리울 뿐이다.

　유년 시절 부엌의 주인공은 가마솥이었다. 만능으로 사용되던 그것을 가족들의 세숫물도 데우고 아침밥을 했다. 가마솥의 누룽지 맛을 지금 어느 과자에 비하랴. 고소한 누룽지를 통해 남매들의 정을 나누기도 했다. 거기에 더해 숭늉의 맛은 고향의 그리움으로 남았다. 지금도 나는 생수 대신 작은 가마솥에 숭늉을 끓여 먹곤 한다. 이렇듯 주방의 작은 가마솥은 때때로 나의 마음을 위로하는 귀한 도구였다.

　겨울이 되면 가마솥은 추위를 많이 타는 나를 반긴다. 꽁꽁 언 손과 발을 따뜻하게 감싸면 그 솥은 나를 기다리기라도 한 듯 온기로 품어 주었다. 나는 그에게서 엄마의 부족한 정을 채우려 했을까. 오래도록 가마솥 곁에 앉아 있던 시간이 많았다. 그것에서 느껴지는 포근함이 엄마의 품 같았다. 아버지는 그런 나의 마음을 알았는지, 가마솥에 당신의 손을 얹었다가 나의 두 뺨을 녹여 주곤 했었다.

　아버지는 툇마루 밑에 걸린 커다란 가마솥 안에 여물을 넣고 휘휘 뒤집었다. 새벽보다 부지런했던 당신은 우물의 물을 길어다 쇠죽을 끓였다. 당신의 하루는 가마솥에서 시작되어 가마솥에서 마무리하는 고단한 하루였다. 그렇게 쇠죽을 끓여 누렁이를 배불리

먹였다. 그리고 아궁이에 구워진 감자와 고구마로 우리들에게 간식을 내주었다. 세상의 아버지들은 속내를 드러내지 않는 가마솥과 닮지 않았을까.

가마솥은 투박하지만, 속이 깊었다. 차가워 보이기는 해도 은근한 온기를 품고 있었다. 또한 양은솥처럼 금방 끓고 빨리 식지도 않았다. 오랫동안 기다리고 인내할 줄도 알았다. 그러나 관리가 까다로워 이동이 자유롭지 않았고, 사용 후에는 물기를 말끔히 닦아야 하는 번거로움이 따랐다. 녹이 슬지 않으려면, 콩기름을 발라 놓아야 했다. 속도 지향 사회인 현대 사회에서는 가마솥에 담긴 느림의 미학을 찾아보기 힘들어졌다.

해 질 무렵이면, 조그맣고 까만 가마솥에 김이 모락모락 올랐다. 밥이 끓기 시작하면 가마솥은 뜨거움을 두려워하지 않았다. 마치 아버지가 자식을 위해 희생하는 것처럼, 가마솥은 두 줄기 눈물을 흘리면서도 묵묵히 견뎌냈다. 가족을 위해 한여름의 뜨거운 땀방울을 흘렸던 아버지의 삶이기도 했다. 드디어 고슬고슬한 밥은 기름이 자르르 흐른다. 달그락달그락 달챙이로 누룽지도 긁어보리라.

호미

낫의 'ㄱ' 모양이 혀뿌리처럼 구부러졌다. 깊은 의미가 담긴 듯 웅크린 모습은 흙 내음으로 후각을 파고든다. 내가 찾아내지 못한 의미가 있는 것은 아닌지 한참을 응시한다.

내 고향은 야산이 병풍처럼 드리운 너른 들녘이 있는 마을이다. 아버지는 동이 트기도 전, 지게 등걸에 곡괭이와 낫과 호미를 얹었다. 농사를 짓던 그 한 자루 호미에는 아버지의 땀과 혼이 함께 담겼다. 호미는 닳고 닳아서 본래의 모양에서 변형된 채 남아 있었다. 아버지는 그늘 속 바위에 끼어 있는 이끼처럼 축축한 일생을 보냈다. 삶의 애환은 쇠붙이조차도 녹아내리지 않았나 싶다. 당신의 모습이 그림자로 다가오며 애환을 불러온다.

아버지는 용고뚜리였다. 담배 연기를 소리 없이 토해내며 흙 속에 애환을 심고 갈았다. 연로한 부모님, 여러 형제, 나팔꽃 씨앗처럼 총총하게 달린 자식들에 대한 책임감 때문이었으리라. 식솔들은 당신의 손길에 따라 든든한 배를 채웠다. 논과 밭에서 대가족인 식구들을 건사할 자양분을 심고 캐느라 호미에선 땀의 얼룩이 언제나 마르지 않았다.

아버지에게 호미는 단순한 도구만이 아니었다. 한 가장의 삶을 꾸려갈 막중한 지킴이였다. 긴 한숨을 연기와 버무려 허공에 뿜어내던 담배만이 모진 삶에서 유일한 돌파구였으리라. "흙은 정직하다. 얕은꾀는 통하지 않는다."라며 주문처럼 되뇌던 말이 호미 끝자락에서 담배 연기처럼 피어올랐다.

어느 해 여름 장마가 지나간 논과 밭이 한순간에 흔적도 없이 사라졌다. 아버지는 긴 한숨과 더불어 어간마루에 털썩 몸을 내려놓았다. 헛기침으로 외양간 기둥에 걸어둔 호미를 바라보았다. "자연 앞에선 도리가 없구나. 보리 흉년이니 초근목피라도 채우며 허리끈 바짝 졸라매야겠다." 집안의 냉기를 몰고 온 아버지의 모습에 담담한 의지가 담겨있었다. 이보二步전진을 위한 일보一步후퇴는 호미와 함께 멈췄다. 그날따라 아버지의 어깨는 초가집 추녀처럼 축 늘어져 있었다. 어찌 당신인들 호미를 놓고 한 번쯤은 쉬고 싶지 않았으랴. 호밋자루는 땀방울에 젖어 있었다.

한여름 뙤약볕에 아버지가 콩밭에 나가면, 나도 호미 들고 그

곁을 따라다녔다. 여름이면 대가족의 찬거리를 위해 콩밭 고랑 사이에 열무 씨를 뿌려 놓곤 했다. 하지만 긴 고랑의 콩밭을 매노라면 열무가 보통 성가신 게 아니었다. 호미를 쥐고 요리조리 피하며 김을 매자니 땀은 비 오듯 쏟아져 투정을 부렸다.

"아버지가 열무를 이렇게 많이 심어놔서 밭을 맬 수가 없잖아요."

"옛말에 일 못하는 사람이 연장 탓한다."라며 "허허 녀석도."라며 웃어 보였다. 해가 지도록 김을 매자니, 여간 힘든 것이 아니었다. 어쩌다 하는 것도 이렇게 힘이 드는데 당신의 숱한 날들이 얼마나 고단했을까 싶었다. "풋뜸치곤 옹골차게 잘했구나."라는 칭찬 한마디에 어느새 나의 입꼬리는 초승달처럼 올라갔다.

근래 나에겐 시나브로 일궈낸 영혼의 글밭이 있다. 문학의 씨앗을 발아시켜 새싹을 틔워내리라. 이랑 위에 알찬 언어의 모종을 눌면하게 심어보자. 새로운 단어를 찾아 글밭을 일구고 심을 때는 환희로 꿈틀거린다. 그렇게 호미는 나의 곁에서 보물을 심고, 잡초를 뽑으며 흙매고 있다. 그것뿐이겠는가. 미래를 위한 씨앗과 밑거름도 비축해야지, 늘픔 같은 그것들을 손아귀에 움켜쥔다.

서른 무렵, 나에게 삶의 소용돌이가 휘몰아쳤다. 아버지의 긴 한숨이 가슴을 파고들었다. 두 아이를 끌어안고 있는 딸을 보며 악몽의 꿈이라도 꾸는 듯 당신 또한 자식의 현실을 받아들이기 힘들었을 것이다. "내 어찌 너의 힘든 삶을….'"이라며 천둥 같은 한숨을 토해내며 고개를 돌렸다. 그리곤 "네가 우는 이 길은, 언젠가 알찬 날도 있을 것이다. 참아 내는 길밖에 도리가 없구나."라며 감싸 안은 담숙한 손길에 나는 마음의 평정을 찾아갔다.

인생의 외줄 위에서 사력死力을 다해 폭풍우 속을 걸어왔다. 울음이 폭발했던 그 여름은 가고, 몹시도 추웠던 문턱 앞의 눈도 녹는 봄이다. 가장 힘든 시절을 견디며, 아버지와 왕래 없이 십여 년이 흘러갔다. 그것이 이렇듯 통한이 될 줄 어찌 알았으랴. 외양간을 뛰쳐나간 송아지를 찾아 허공에 울어 대는 어미 소같이. 아버지는 못난 딸을 기다리며 얼마나 문밖을 서성였을까. 후회는 가슴을 내리쳤다. 고르지 못한 호미는 마치 돌덩이 같은 고뇌의 등짐으로 짓눌려 버린 모습이었다. 이내 아버지가 그리우면 당신께서 남겨주신 호미를 가슴에 안아본다. 그러면 지난날의 상처를 포근한 이불처럼 덮어준다.

시련을 뒤로하고 배움의 글밭을 일군다. 이랑의 글들은 모래알처럼 서걱거린다. 가끔씩 언어가 뒤엉킬 때면 나도 모르게 전전긍긍한다. 영글지 못한 설익은 단어들은 나의 글밭에서도 쑥쑥 자란다. 그럴 때면 호미는 쉬지 않고 잡초를 솎아낸다. 순간 언어는 퍼즐처럼 가까스로 맞춰지는 듯하다. 꿈 뭉치 하나 손에 쥐고 나의 열정은 타오른다. "열정이 천재의 능력보다 낫다."라고 하

지 않는가

  나의 호미는 오늘 풍성한 단어를 찾는다. "생을 다하는 그날까지 배움의 끈을 놓지 말거라." 하는 아버지의 목소리가 환청처럼 귓가에 맴돈다. 호미는 아라비아 숫자 '7'과도 닮아있다. 나의 글밭에도 행운이 찾아오지 않을까.

찬란한 슬픔

저녁노을은 하늘이 그린 수채화다. 주홍빛으로 하늘을 뒤덮는다. 시작으로 돌아가려고 하는가. 찬란한 슬픔으로 강렬한 빛을 뿜어낸다.

얼마나 감사한 일인가. 나는 매일 부지런히 노을 시간에 맞추어 하늘바라기를 한다. 하늘에 붉은 꽃이 가득하다. 해가 지는 모습은 상처의 피를 토해내는 듯하다. 하늘에 짙게 가려졌던 먹구름이 물러나고 있다. 출렁거리는 붉은 노을의 장관에 시선을 멈추며, 나의 감정도 같이 일렁인다. 석양을 바라보고 있으면 가슴속에 잠재해 있던 그 무엇인가 꿈틀거림이 다가오고 있다. 노을의 풍경은 내 마음 가장 깊은 곳에 자리하고 있다.

뽀얀 뭉게구름이 노을빛에 물들기 시작한다. 아무 말도 하지 않고 노을을 바라볼 여유가 있었으면 좋으련만 이런저런 핑계로 그 시간을 놓치고 만다. 놓침의 빈도만큼이나 나의 삶이 각박해지는 것은 아닌지 아쉬움을 남긴다. 노을이 번지는 시간은 주위가 온통 형용할 수 없는 아름다움으로 물들이고 있다. 이제는 노을 보는 날이 말할 수 없는 기쁨을 안겨준다. 이것만으로도 삶은 참으로 행복하다는 생에 잠긴다.

해돋이는 희망의 출발이다. 해넘이는 도도한 자태로 일몰을 알리며, 신비한 분홍빛 여운으로 사위어 간다. 우리의 삶도 다시 시작할 수 있다면 좋으련만…. 소멸에 대한 인간의 두려움 때문인지 노을은 강렬해지는 붉은빛으로 황홀한 대비를 보인다. 해가 저무는 풍경을 보면, 묘한 감정이 일렁인다. 오늘도 치열했던 여정을 끝내고, 붉게 핀 구름 꽃은 서산을 넘고 있다.

노을을 바라보며 슬픈 찰나의 깨달음도 얻었다. 자연의 경이로움은 인생의 덧없음을 말해주고 있다. 밤 속으로 스스로를 감추며 낮아지지만, 삶에 리듬이 만들어 준 모질고 험한 내 삶의 능선을 노을처럼 아름답게 바꾸고 싶다. 동트는 여명이 생의 시작이라면, 노을은 생의 마무리쯤 될 것이다. 매일 이별하는 노을이지만 오늘따라 눈시울이 붉어진다. 노을이 잠자는 울음을 깨운다.

저문 해는 그리움과 애달픔을 남겨놓고 떠나간다. 이제는 다가오는 것보다 떠나가는 것이 더 많고, 가질 수 있는 것보다, 가질 수 없는 것이 더 많다. 황혼이 되면 하늘에는 절로 노을 꽃이 핀다. 선홍의 빛을 남기고 물러간다. 오는 해는 늘 하늘에서 뜨는데, 지는 해는 가슴으로 내려온다. 태양이 땅거미 아래로 내려가 영원히 떠오르지 않을 것 같아도 시작한다는 의미를 담고 있다.

 석양이 강렬하게 빛을 내뿜고 있다. 찬란한 슬픔은 시작하는 바람으로 요동을 친다. 나의 뒷모습도 은은하게 번지는 일몰이 되리라.

새벽 옥잠화

옥잠화는 맑고 깨끗한 향기를 지닌 꽃이다. 옥잠화의 향기는 상큼하면서도 감미롭고 은은하다. 꽃은 마치 비녀를 닮았다. 달빛 아래 핀 연약한 옥잠화는 티 없이 순백하다. 줄기와 잎은 아침저녁으로 코끝이 싸하고 시리게 피어난다. 귀부인의 머리에 꽂힌 옥비녀를 닮았다 해서 그 이름을 얻었으리라. 옥잠화 향기에 유년의 새벽이 튀어나왔다.

아버지의 손길은 정원사를 방불케 했다. 어느 날 잎이 널따란 꽃나무를 들고 왔다. 그것을 뒷마당에 있는 화단에 심었다. 그 옆엔 백합꽃도 있었다. 아버지는 "이젠 차례대로 향기가 나서 좋을 것이다."라며 잘 키워보라고 했다. 마루의 뒷문을 열면, 솔솔바람을 타고 백합꽃 향기는 온 집안에 가득했다. 뒤를 이어 여름 장마가 지나고, 서늘한 바람이 불어오면, 꽃이 피기 시작했다. 그것의 향기는 바로 새벽잠을 흔들어 깨우는 알람이 되었다.

옥잠화는 기품 넘치는 향기의 매력을 발산했다. 흰색의 화사한 모양새나 요란한 몸치장이 없어도 가을의 꽃으로 다소곳이 피어 났다. 흩뿌리는 비를 맞으면, 너울거리며 통통 춤을 추는 꽃잎이 예뻤다. 옥잠화의 꽃말처럼 고운 색감과 자태는 내겐 그리움의 추억으로 남았다.

옥잠화는 생활에 유용한 식물이었다. 어린잎은 나물로 먹기도 했으나 찬이슬이 내리기 시작하면 꽃은 자취를 감춰버렸다. 꽃은 종기나 상처에 짓이겨 붙이기도 했다. 열을 내리고 해독하며 몽우리와 종기를 아물게 하는 곳에다 쓰였다. 달이 피어오르면 선뜻한 밤공기로 향기가 더욱 그윽해지기도 했다. 그것은 아름답기보다는 우아한 꽃이었다.

옥잠화는 그윽한 향기로 다가와 내게 행복을 준다. 식물은 저마다의 독특한 향을 발산하는데, 나는 과연 무슨 향기를 가지고 있으려나. 계절로 스쳐 지나는 자연이지만 그 속의 들어있는 지혜는 무한하다. 나도 옥잠화처럼 청초한 향기를 만들어 보리라.

소쿠리에 담고 싶다

맑은 햇살이 코끝을 간질이는 봄날이다. 어린 시절 이웃집 언니들과 나물을 캐러 나섰다. 첫걸음이라 요것이 냉이인지 조것이 달래인지 알쏭달쏭했다. 도무지 헷갈려 갈피를 잡지 못했다. 호미 잡은 언니들의 손길은 얼마나 야무지게 잘도 캐는지 따라갈 수가 없었다.

옆을 돌아보느라 마음이 급했다. 해가 뉘엿뉘엿 넘어갈 무렵이었다. 나의 소쿠리는 밑바닥에서 숨을 할딱이는 개구리의 슬픈 눈길 같았다. 소쿠리를 채우고 싶은 욕심과는 달리 주변은 어느새 어둠을 향해 달려갔다. 냉이와 달래 비슷한 풀까지 마구 캐어 담아 집으로 돌아왔다. 저녁 준비를 하던 어머니가 소쿠리를 반갑게 맞았다. "우리 딸 애썼네."라고 등을 토닥토닥 두드렸다.

이글이글하는 아궁이 장작불을 화로에 옮겨 담았다. 석쇠 위에 올라앉은 뚝배기에 냉이와 달래를 넣은 된장찌개가 보글보글 끓었다. 맛있는 저녁 식사였다. 어머니가 넌지시 귓속말을 했다. "누구나 처음은 어렵고 힘들단다. 끝까지 하는 의지만 있으면 된다. 대견스럽다."라며 칭찬을 해 주었다. 나는 어깨가 으쓱했다. 그러나 그것도 잠시 간이 떨어지듯 놀라 어디라도 숨고 싶었다.

나물을 많이 캤다는 것을 자랑하려고 잡풀도 소쿠리에 가득 담아 왔다. 어머니는 혼을 내기는커녕 오히려 칭찬을 해줬다. 이상한 일이지 싶었다. 다음날 잠이 깨어 두엄자리에 가 보았다. 아뿔싸, 내가 마구잡이로 뜯어 왔던 풀이 두엄 위에 널브러져 잠을 자고 있었다. 칭찬을 아끼지 않았던 당신은 밤에 몰래 풀을 버린 것이었다.

그 심정이 어떠했을까. 엄마의 말 없는 가르침이 어린 나의 마음속에 자신감과 진실을 심어주었다. 며칠 후에 언니들과 나물을 캐러 가는 날이 다시금 돌아왔다. 그때부터는 진실만을 담아내듯 소쿠리에 나물들을 한 움큼씩 채웠다. 집으로 향하는 발걸음이 가벼웠다. 대문 앞에서 어머니는 모란꽃 망울을 터트리며 나를 반기셨다. 아마도 소쿠리의 진실을 아는 듯했다.

꽁꽁 언 땅에 냉이가 불쑥 올라왔다. 혹한의 고통을 어찌 알까마는, 나의 삶도 추위를 견뎌낸 냉이와 못지않은 삶이었다. 발이 시려 와도 차마 온기를 찾아 올라서지 못하고 서걱서걱한 길의 언저리로 조심스럽게 오지 않았던가. 옹벽을 뚫고 솟아오른 고드름의 아픔이었다. 혹독한 지난날의 상처를 희망으로 도포하고, 살얼음 속에 꿈의 뿌리를 내린 건 아니었을까. 마음은 구수한 흑 냄새를 따라 어느새 들판으로 달려간다.

 냉이와 달래를 보면 꾀를 짜낸 지난 일이 떠올라 얼굴이 붉어진다. 그것을 계기로 진실한 삶의 길을 걸어왔는지 성찰의 시간을 가져본다. 어머니의 말 없는 사랑 위에 오늘의 내가 한 움큼의 꿈을 캐어 소쿠리 안에 차곡히 담으리라.

꽃신

　전철의 자리에 앉았다. 사람들의 신발에 시선이 머물렀다. 그들은 대부분 핸드폰에 집중하고 있다.
　신발의 색은 검정과 하얀색 등 다양했다. 얼굴의 생김이 다르듯 여러모로 모도 각각 어떤 이는 신발 뒷부분이 배의 선미 부분 같아 웃음을 자아냈다. 적당히 때가 묻은 신발도 있었다. 순간 내 신발을 내려다보았다. 아차 바빠서 닦아 주지 못한 내 발을 의자 밑으로 숨겼다. 그런데 벽에 기댄 채 핸드폰만 보고 있는 청년의 신발 끈이 풀어져 있었다. 청년이 움직일 때마다 갓 잡아 올린 물고기처럼 풀어진 신발 끈이 이리저리 흔들렸다. 그대로 걷는다면 넘어질 수도 있을 텐데 하는 생각이 들었으나 선뜻 말해 주진 못했다.

신발은 나의 삶의 수호자였다. 내가 발을 다쳐 수술했을 때도, 발이 부었을 때도, 내 발을 보호해 준 신발이었다. 언제나 목적지까지 갈 수 있도록 발을 편안하게 해 주었다. 오늘 보니 운동화 뒤축이 많이 닳아 있었다. 내 발길을 따라 이리저리 다니느라 얼마나 고단했을까. 지난날 마루 밑에서 보았던, 아버지의 낡은 신발도 떠올랐다. 우리 가족을 지탱해준 아버지의 소품이었다.

고흐의 그림 속 낡은 구두는 고흐의 신발이라지만, 그것은 내 신발이며 아버지의 신발이기도 하다. 신발은 누구에게나 삶의 질곡을 건너기 위해 없어서는 안 될 도구다. 발 앞에 신발장 앞에 놓인 닳고 닳은 신발은 인생의 고행길을 걸어온 나의 분신이다. 나는 지금의 현실에 최선을 다하고 있는 것인가. 닳고 닳은 신발을 보며 나 자신을 성찰한다. 인생의 반환점에 선 나이기에.

오늘 종일 나를 따라다니느라 힘들었던 신발을 현관에 부려 놓았다. 녀석에게 휴식을 주고 편히 쉬게 벗어 놓고 싶었다. 나와 매일 같이 걸어 왔고 웃음과 울음을 담아 먼 길을 같이 가는 인생의 동반자가 아니었던가. 나의 작은 신발은 언제나 묵묵히 맡은 일에 책임을 다하고 있었다. 처음엔 불편했던 신발도 신발은 자꾸 신으면 발이 점점 편해졌다. 신발이 내게 맞춘 것이 아니라. 내가 신발에 맞추어 걸었기 때문이리라.

신발은 삶의 궤적을 나타냈다. 나의 무게를 지탱하며 나의 갖가지 동선을 따라 움직여 준 고마운 녀석이다. 이제야 현관에서 한숨을 돌리고 있다. 내가 밖을 나돌아 다닐 때면 신발은 집안에는 들어오지도 못하는 운명이다. 하루를 마무리하고 신발을 가지런히 정리한다. 그것은 내일을 무의미하게 살지 않으려는 나의 마음가짐을 대변한다.

사람이 고개를 숙이면 겸허해진다. 아무리 권력과 지위가 있어 거들먹거려도 신발을 신을 때만큼은 누구라도 고개를 숙여야 했다. 그것은 모든 인간에게 공히 겸손을 가르치기 위한 신의 한 수가 아닐까. 신발은 밖에서 언짢은 일이 있을 때면, 현관 앞에서 화풀이의 대상이 되기도 한다. 묵묵히 나를 지켜봐 준 녀석의 고마움을 새삼 되새겼다. 앞으로는 신발을 신는 마음으로 나를 굽혀 주위를 돌아봐야겠다.

나는 살면서 필요한 신발만 골라 신어온 것 같다. 이제는 나를 위한 신발보다 누군가에게 편한 꽃신이 되어 주고 싶다. 내가 상처를 준 발에도 꽃신을 신겨 꽃길을 걸어 보리라.

제 **5** 부

총 맞은 것처럼

징검다리
우물 안
그날 동백꽃
총 맞은 것처럼
거울과 나
문밖의 낮달
들국화
어쩌라고

징검다리

봄의 개울은 향기와 함께 시작된다. 개울을 따라 걸으면 돌다리 사이로 작은 포말을 일으킨다. 겨울을 인내한 생명들이 잠에서 깨어나 새순을 터트리면 주변의 생명들이 초록으로 물들기 시작한다. 냇가도 새로운 모습으로 단장을 서두른다. 개울물이 차 있는 곳에 디딤돌을 일렬로 놓은 징검다리는 옛 어른들의 깊은 지혜가 담겨 있다.

고향에는 휘돌아 나가는 개울이 있었다. 저편엔 감자밭도 있었다. 감자 캐러 가던 소쿠리로 물고기를 잡았던 냇가였다. 여름의 뜨거운 태양 아래 시원한 냇물이 흐르면 지금의 수영장에 비할 바가 아니었다. 아이들의 물장구 소리, 개울가에서 빨래하는 엄마들의 즐거운 웃음소리가 정겨웠다. 개울 풍경을 만들었던, 가을을 맞아 푸르던 나뭇잎이 하나 둘 떨어지면서 차가운 겨울의 새벽은 신비로운 물안개가 개울을 휘감았다.

　겨울이면 하얀 눈이 소복이 쌓였다. 주변의 나무들도 흰옷을 걸쳤다. 개울의 일부는 얼기도 했지만 징검다리 사이로 흐르는 물은 멈추지 않았다. 겨울이 깊어가면 오빠들의 썰매 타는 소리가 시끌벅적 요란했다. 저녁 무렵 노을이 내려앉은 개울가는 단감처럼 고운 빛으로 물들었다. 한 폭의 수채화를 보는 듯 황홀함에 빠져들었다.

　유년엔 징검다리를 자주 건너다녔다. 건너는 것보다 물속을 바라보는 것이 더 재미있었다. 내 얼굴이 커지기도 했고, 길쭉이도 되는 요술을 부렸다. 그것에 정신이 팔려 발을 헛디뎌 퐁당 빠졌다. 새로 산 신발이 저만치 떠내려갔고 물살을 따라 첨벙첨벙 넘어지고 깨져 무릎엔 피가 났다. 다행히 신발은 나뭇가지에 걸려 빙빙 돌고 있었다. 다시 내 손에 쥔 신발이 얼마나 소중했던지, 그 후로는 신지도 못했다. 신발을 품에 안은 채 맨발로 집에 갔던 그날의 사건으로 여전히 난 물을 무서워하게 되었다.

　그림처럼 아름답게만 보이던 징검다리였다. 나의 어린 시절은 돌아보면 매 순간 부모님이라는 징검다리를 밟고 건너지 않았을까. 그 덕택으로 삶의 고비마다 안전하게 건넜다. 이제 세월은 자리를 바꾸어 징검다리를 직접 건너라고 한다. 덮치는 물살에 휩쓸리지 않으려고, 밟히는 무게에 가라앉지 않으려던 안간힘은 고행이었다. 수없이 밟고 지나간 무게에도 발이 지나가라고 던져진 듯 놓여 있던 징검다리의 덕을 이제야 알겠다.

우리는 수많은 사람과 관계를 맺으며 살고 있다. 개울가에 놓인 징검다리 같은 인연이면 좋지 않을까. 발걸음을 내디딜 수 있도록, 이어 가는 삶이면 좋으련만, 현실은 녹록지 않았다. 물속에 있는 돌들은 서로 부대끼며 구르고 있다. 돌들은 흐르는 물결에 서로 부딪고 깎이면서 조화를 이룬다.

징검다리는 언제나 나를 반기곤 했다. 바람과 비에도, 쉬지 않았다. 흐르는 물에도 묵묵히 그 자리를 지켰다. 냇가에 조용히 놓인 작은 돌들은 누구를 차별하거나 편애하지도 않았다. 자신을 드러내지 않고 교훈을 전하고 있다. 숱한 사람들의 발길이 하루에도 무수히 밟고 지나가도 불평 한마디하지 않고, 그 위를 걷는 이들을 받아준다.

징검다리는 단순한 돌덩이가 아니다. 타인을 위한 돌봄이 담겨있다. 나에게도 서로의 존재를 인정하며 때로는 타인의 짐을 이고 가면서도, 자신의 삶에 목적을 잃지 말라며 무언의 설법을 들려준다. 냇가의 징검다리가 가르쳐주는 삶의 지혜는 그 존재만으로도 충분하다. 삶의 징검다리를 건너는 여정에 무게가 실린다.

우물 안

 어릴 적 뒤란에 우물이 있었다. 우물에는 할머니와 엄마의 치열한 삶도 들어 있었다. 그 시절 우물가는 나의 놀이터이기도 해서 장독대에는 나의 놀잇감도 있었다. 아버지가 정성껏 다듬은 공깃돌들이 작은 소쿠리에 담겨 있었다. 할머니는 뒤란에 있는 우물가에서 항상 종종거렸다. 두레박에 물을 퍼 올려 장독대 가장자리에 심어진 채송화를 살렸고, 커다란 간장독 뒤편에 서 있는 접시꽃도 해갈시켰다.

 나는 우물가 주변을 뱅뱅 돌아다니며 놀았다. 심심하면 우물에 비친 내 얼굴을 보며 까르르 웃기도 했다. 더 재미나 것은 우물 안에서 놀던 물고기 두 마리를 바라보는 일이었다. 어느 때는 물고기가 돌 틈 사이에 숨어 안 보이면, '어디 갔지?' 깜짝 놀라며 아버지가 면도할 때 쓰던 네모난 거울을 요리조리 비춰가며 찾곤 했다. 그것뿐인가. 우물 안에는 하늘에 떠있는 달이 있었고 별도 있었다. 어린 내 마음은 우물에 보이는 모습을 보며 자연을 동경했으리라.

어느 날이었다. 엄마가 퍼 올린 두레박에 물고기 한 마리가 올라왔다. 우물 바닥으로 나온 물고기는 살맛 난 것처럼 펄쩍펄쩍 뛰었다. 하늘을 나는 듯한 생동감이 지금도 눈앞에 선명했다.

"고놈 많이도 컸다. 세상 밖이 그리도 궁금했더냐. 이제 구경 다 했으니 네 집으로 돌아가자."라며 아버지는 물고기를 두레박에 담아 우물 안으로 다시 들여보냈다. 그런데 이상했다. 우물 안 물고기와 바닥에 있던 물고기는 사뭇 달랐다. 처음에 살맛 나서 뛴 것이 아니라 생각이 들었다. 그것은 물이 없는 상황에서 살고자 그리 펄펄 뛰었던 것이다.

우물에는 꿈과 삶이 있었다. 물고기도 물이 없으면, 살 수 없듯이, 우물은 우리 가족을 살리는 생명의 원천이었다. 그 물을 마시며 우물에 대한 신비함을 느끼면서 자랐다. 날마다 수없이 퍼 올려 쓰는데 어떻게 물이 마르지 않고 차오를 수 있을까. 어린 나는 궁금한 마음에 다음 날이면, 물이 말랐나 하는 생각에 우물 안을 자주 들여다봤다. 별을 사랑했던 불우한 시인도 우물을 가까이했다.

차가운 우물 안의 참담했던 내 삶의 시절을 더듬어 보았다. 그때 서 있었던 곳이, 깡마른 우물 바닥이었다. 용수철처럼 튕겨 오르고 싶었다. 위기에 닥쳤을 때마다 살고자 하는 의지는 때론 명철한 지혜를 주곤 했다. 한 치 앞도 예측할 수 없던 인고의 시절을 그렇게 탈출하지 않았나 싶다. 내가 문제에 당면할 때면, 지혜의 우물이 어디에 있나 찾아 나서야겠다.

동네 한가운데에는 커다란 우물이 있었다. 언제부터인가 사람들은 그 우물을 건수라고 부르며 사용하지 않았다. 건수는 비가 오면 넘치고, 가뭄이 들면 말라버렸다. 물맛도 없거니와 색깔도 변했다. 그러나 우물은 깊을수록 시원한 물이 나왔다. 깊은 곳에서 솟아오르는 우물은 바깥 날씨나 기후의 영향을 전혀 받지 않았다. 가뭄이 오거나 장마가 계속되어도 변함없었다. 사람의 마음도 사유의 생을 돌보지 않으면 건수 우물처럼 말라버릴 수도 있다. 매일 삶의 정수를 퍼 올려 건수 우물에 맑은 물이 고이게 해야지.

나에게는 글쓰기라는 소중한 우물이 있다. 내면에 다져진 경험과 추억을 우물 안에 저장했다가 하나하나 두레박으로 퍼 올린다. 삶의 깨달음과 위로를 받았던 고마움을 마음의 우물에 간직하고 마르지 않도록 지켜 내리라.

그날 동백꽃

바다를 나는 칼바람에 찢겨 날리는 눈발 사이로 핏빛 터지는 꽃망울은 누구를 위한 애절함인가? 임이 부르던 슬픈 노래 파도 소리에 아득히 흩어지고 더는 오지 않을 사람 더는 안아주지 않을 사람 흐느끼는 동백꽃에 얼굴을 묻는다. 동박새 한 마리가 얼굴을 묻는다. 후략

— 오정후, 〈동백꽃 여인〉 부분

동백꽃은 혹독한 추위를 견디며 그토록 붉은 꽃망울을 터트린다. 어느 시인의 말처럼. 핏빛의 꽃은 봉오리째 떨어졌던 한 여인과 닮았다.

예전부터 빨간색은 동양 문화권에선 사악한 기운을 쫓는 벽사

나 재생을 상징하는 생명의 색으로 쓰였다고 한다. 동백 꽃말처럼 '변함없는 사랑'을 의미하기도 한다. 동백꽃의 강한 생명력은 사랑의 열정과 결합된 강한 감정을 상징한다. 또한 꽃, 잎, 열매 등에 함유된 유용한 물질들이 약효 성분이 있어 쓸모가 많다.

동백꽃의 아름다움은 핏빛과 특유의 꽃내음이다. 채 지기도 전에 봉오리째 목을 꺾고, 세상에 못다 이룬 한을 남긴 것 같은 절절함도 인상적이다. 한겨울에 다른 나무들은 마른 채로 모두 옷을 벗고 있는데, 동백꽃 잎은 푸르름을 띠고 있다. 꽃으로 필 때는 진한 향기가 있고, 꽃이 지면 푸른 잎으로 기상을 보인다.

그 여인은 동백꽃을 닮았다. 그녀의 열정적인 성격은 모두에게 따뜻한 감정을 안겨 주었다. 끊고 맺음이 분명하던 대쪽 같은 성품 때문인지 그녀와 있을 때면, 나의 자존감은 하늘 높은 줄을 몰랐다. 그런데 그녀의 삶은 붉은 울음을 토하더니, 넘어지고 부딪치며 갈등하면서 피워낸 핏빛의 생을 마감했다. 어느 해 겨울의 끝자락에, 그날 동백꽃이 되었다. 그 여인은.

꽃이/ 피는 건 힘들어도/ 지는 건 잠깐이더군/ 골고루 쳐다볼 틈 없이/ 아주 잠깐이더군/ 그대가 처음/ 내 속에 피어날 때처럼/ 잊는 것 또한 그렇게/ 순간이면 좋겠네// 멀리서 웃는 그대여/ 산 넘어가는 그대여// 꽃이/ 지는 건 쉬워도/ 잊는 건 한참이더군/

영영 한참이더군//

— 최영미, 〈선운사에서〉 전문

한겨울 추위를 견디며 붉디붉게 꽃망울을 터트리는 동백꽃은 사람이 생명을 부지하는 것과, 꽃이 생을 마감하는 것은 매한가지인데, 어찌 다를 수 있으랴. 필 때의 정열을 간직하고 송이째 목이 꺾여도 미련을 두지 않는다. 물러나고 떠날 때도 본연의 품위를 잊지 않는 기품을 갖추고 있다. 피어 있을 때 눈이 부시게 아름다웠다. 꽃이 질 때도 추레한 여느 꽃들과 달리, 개화 때의 기품을 유지한다.

언제나 동백꽃은 자연의 순리대로 온 숲을 핏빛으로 물들인다. 그녀가 다 이루지 못한 열정을, 내 가슴속에서라도 타오르는 불꽃으로 피워내리라.

총 맞은 것처럼

 나들이를 나섰다. 문인들과의 속리산 국립공원 여행길은 새벽부터 들뜬 마음이었다. 오월의 푸르름으로 눈이 시원했다. 잡풀 사이에 섞인 이름 모를 꽃들이 눈길을 사로잡았다. 발걸음이 마냥 가벼웠다.
 왁자하던 관광객들이 검은 나무 앞에 모여 있다. 나도 한 그루의 나무 앞에 멈춘다. 굵은 줄기는 오래된 상처투성이다. 총 맞은 것처럼 가슴이 아파 숨이 헉 막힌다. 표피가 불뚝하게 튀어나와 괴이한 옹이들이 덕지덕지 달려있다. 앞에서 볼 때는 작은 구멍인데, 뒤쪽은 커다랗게 파여 마치 총알이 지나간 자리처럼 보이다.
 그 나무는 사십여 년 전에 벼락을 맞았다고 한다. 커다란 옹이는 몸통의 반쪽만 남아서 사람 키를 훌쩍 넘어섰다. 아픔의 흔적을 삭인 나무는 아무 일도 없었다는 듯, 그 위로 잔가지들이 춤사위를 하고 있다. 자연의 경이로움은 어디까지일까. 나무를 처음 본 순간부터 심장이 멎을 듯했다. 우뚝 선 나무에선 할머니의 모습이 영사기 필름처럼 돌아갔다. 어디선가 들리는 이명은 어린 시절 기억의 문을 열었다.

할머니는 전형적인 한국 여인의 모습이었다. 아버지를 장남으로 칠 남매를 둔 할머니는 언제나 옥양목 행주치마를 입고 동동거렸다. 일제강점기의 모진 억압과 난리를 겪고도 성실함으로 일가를 꾸렸다. 동이 트기 전에 긴 머리에 동백기름을 바르고, 참빗으로 곱게 빗어 내렸다. 머리카락을 동그랗게 말아 쪽을 찌어 은비녀를 꽂은 모습이야말로 연잎에 얹혀있는 물 한 방울처럼 고아했다.

나는 할머니의 모든 것을 닮고 싶었다. 문고리에 손이 쩍쩍 들러붙던 겨울이면 당신은 여자아이는 춥게 키우면 안 된다며, 큰 손녀인 나를 이불 속으로 끌어들였다. 너무 닮고 싶은 마음에 '나도 얼른 커서 어른이 되면 할머니 같은 사람이 되어야지.'라고 생각했다. 동네 사람들이 "너는 어쩜 할머니만 쏙 빼닮았구나."라는 말이, 나는 엄마를 닮았다는 소리보다 더 좋았다.

그날 조반상을 물린 아버지는 어젯밤 꿈자리가 너무 좋았다며, "길몽의 꿈은 반대라는 말이 있으니 모두 조심해야 한다."라고 했다. 긴 하루가 지날 무렵인데도 웬일인지, 아버지는 어간마루에서 좌불안석이었다. 아마도 군대 간 삼촌이 마음에 걸렸나 보다. 그때였다. 마차 간에 매어 놓은 누렁이가 요란하게 짖어댔다. 저벅저벅 다가오던 군화 소리가 우리 집 앞에서 멈췄다. 대문을 두드리기도 전에 할아버지와 할머니, 아버지는 마루에 털썩 주저앉았다. 두 사람의 헌병이 정중하게 내민 것은 삼촌의 사망 통보였다. 할머니 가슴엔 그날의 참척參慽으로 커다란 무덤이 만들어졌다.

그 뒤로 대문에는 할아버지 문패 밑에 걸려 있는 '현충의 집'이란 하얀 명패가 함께 있다. 할머니는 하루에도 몇 번씩 그것을 가슴에 안고 어루만지곤 했다. 나라를 지키다 간 아들이었지만, 행여 당신의 못남으로 자식을 먼저 보내지 않았을까 하는 자책으로 처연한 울음을 토했다. 쓰라린 마음이 오죽 했으랴마는, 보이지 않는 가슴속은 아마도 벼락 맞은 나무처럼 옹이가 남아 있었으리라. 그러나 의연했다. 인내만이 가정을 화목하게 하고, 자신을 지켜 낼 수 있는 마지막 방패막이였으리라.

나무의 옹이는 고통과 싸운 선명한 흔적이었다. 불가항력의 의지로 버틴 나무가 가슴에 와닿았다. 어디 벼락 맞은 나무뿐이랴. 나 또한 할머니의 가슴과 저 나무와도 같지 않을까. 젊은 시절 떠난 사람의 빈자리로 가슴이 뻥 뚫렸다. 구멍 사이로 바람 시린 날들이었다. 내 가슴에도 커다란 옹이가 자리를 잡았다. 때론 인생이 막다른 골목에 갇힌 것처럼, 나 혼자만 아프고 힘든 줄 알았다. 하지만 벼랑 끝에 선 나를, 숨을 틔우는 바람처럼 감싸고, 옹이를 어루만져 주었던 할머니의 따뜻함이 있었기에, 여기까지 오지 않았을까.

할머니는 내가 어려움에 처할 때면,

"얘야, 슬픔은 구름처럼 금방 지나간다. 조금만 참아 내거라." 하며 용기를 주었다. 어렵다는 연유로 사람 구실도 제대로 하지 못했지만, "고맙구나."라며 쓰다듬던 손길이 전하는 의미가 무엇인지 알았다.

"쉬운 길은 눈물을 밟는다. 땀흘리며 가거라. 살면서 한 걸음 앞에 나를 낮추면, 인생이 순탄하다."라는 할머니의 당부는 옹이까지도 당신을 닮은 동병상련의 절절한 아픔이 들어 있었으리라.

총 맞은 듯한 벼락 맞은 나무는 고난과 극복의 지혜를 알려 주며 우뚝 서 있다. 고사 직전에 살아나 꿋꿋하고 의연한 줄기로 '삶도 이런 것이다.'라는 긍정의 메시지를 나뭇잎으로 흔들어 보인다. 나도 저 나무처럼 불타는 의지로 한발 더 나아가리라.

거울과 나

거울은 때때로 나를 돌아보게 한다. 보이는 그 모습이 진실이라고 말해 준다. 생각을 다듬고 마음을 추슬러 단정한 모습을 거울 앞에 비춰본다.

자식은 부모의 거울이라고 생각한 순간 갑자기 거울이 선생님처럼 어려워 보였다. 부모로서 자식을 키우는 과정을 거울의 본성을 빗댄 상징적 의미가 담겨 있다. 나의 고칠 점이 아이가 닮아 있는 나의 모습이라고 인식했다. 부모의 자리는 과연 어렵다는 것을 새삼 깨달았다. 그래서 수시로 내 모습을 거울에 비추어 보았다. 거울은 삶 안에서 참 나를 비춰주는 반성의 도구였다.

말 없는 거울은 먼지가 묻거나 비뚤어져 있으면 있는 그대로 비추었다. 침묵으로 달관한 더 정확한 투영은 거울의 속성이다. 시난날 반듯한 거울이 되지 못한 나를 비추었다. 그것은 나의 내면에 반사해 가려진 부분을 비춰준 소중한 것이었다. 보이는 것이 전부가 아니라는 명쾌한 해답들을 내놓았다. 인생은 비친 것을 보는 것보다, 자신의 내면을 살펴야 할 것이리라.

거울을 보는 직업으로 몇십 년간 일을 했다. 지금도 고객들의 모습은 생생하게 떠오르는데, 정작 거울 속의 나를 본 기억이 나질 않았다. 과거의 나와 현재의 나, 삶의 가치가 있으려나. 이제와 거울을 보면 지난날이 꼬리에 꼬리를 물고 이어졌다.

"거울 속에 또 다른 내가 있고 거울 속에 나와 거울 밖의 나는 결코 화합할 수 없다."라고 하는 이상의 말과 나도 같은 생각이 아닌가 싶다. 보면 볼수록 거울 안의 나와 거울 밖의 나를 이방인으로 만들고 있다. 나와는 타협할 수 없어도 타인과의 관계를 성찰하는 개선해 나가는 도구가 아닐까.

거울은 제 편에서 먼저 웃지 않았다. 내가 먼저 웃어야 웃었다. 마음의 문을 열려면, 먼저 노크를 해야 했다. 내가 웃어야만 거울이 웃었으니, 사람의 관계도 내가 먼저 관심을 갖고, 공감하고 배려해야 했다. 내가 살아온 과정에서도 내 마음의 거울부터 들여다보아야 했다.

지금 내 앞의 거울에 되려나. 묻은 얼룩이 나의 자아도 일그러져 있지 않을까 수시로 닦아 낸다. 지금의 나와 거울 속의 내가 일치되기를 바라며 거울을 들여다본다. 내가 보고 싶은 것이 결국 나의 욕망이 아니었을까. 거울 속에 담긴 모습이 우리 모두의 바람일 것이라고 스스로 마음을 달래보았다. 내 삶의 모습이 부끄럽지 않게 그 거울에 비추고 있다.

  오늘은 거울을 보고 생긋 웃어 봐야겠다. 웃으니 마음도 따라 웃고 있었다. 이제부터라도 자주 웃어야겠다. 이제야 내 모습이 제대로 보였다.

문밖의 낮달

 하얀 국화꽃으로 장식한 차에 오른다. 설핏한 구름 사이로 얼굴을 내밀고 있다. 나무에 걸린 낮달이다.
 대낮에 훤하게 비추던 달이다. 힐끗 비껴가는 고샅길에서도 낮달은 여전히 거기에 있었다. 어떤 사연으로 지난밤 숨지 못하고, 미련이 남아 살며시 떠 있는가. 누군가는 말한다. 낮달은 아무에게나 보이지 않는다고, 설움을 안고 하늘을 바라보는 사람에게만 보인다고 한다. 그것을 바라보는 그녀의 가슴속에 시월의 달개비 바람이 불어온다. 낙엽을 밟고 홀로 걷는 그녀를 따라 오는 모습이 서릿바람을 안겨준다. 마음이 씁쓸한 날에 희미해져 가는 기억이 되살아난다.
 겨울의 끝자락이었다. 얼음조각보다 매서운 날에 하얀 국화꽃으로 장식한 버스에 탔다. 차는 그녀의 가슴을 가르듯, 차가운 바람을 휘저으며 달렸다. 삶과 죽음의 과정은 누구에게나 평등하게 주어진 것이었지만, 무엇이 그리도 급해서 서둘러 꽃차에 탔단 말인가. 낮달은 그녀가 앉은 창가에 도라지꽃처럼 맴돌며 따라왔다. 흐르는 눈물로 '나도 같이 따라가면 안 되는 걸까.'를 삼켰다. 아니다. 체념만이 남아 있는 자의 길이 아니었다. 최선을 다해 살겠노라고 허공에 무언의 약속을 했다.

그녀의 슬픔은 슬픔이 아니었다. 더 큰 슬픔은 살아갈 날이었다. 그날 이후의 삶은 낮달처럼 시렸다. 잊으려고 애쓰면 더욱 떠올랐기에 애써 외면했다. 지우려고 애써 온 시간이 얼마였던가. 저편에 어렴풋한 낮달이 그렁그렁한 그녀의 설움처럼 걸려있다. 그러고 보면 그녀만 홀로 세월을 서성인 것은 아니었나 보다. 낮달 또한 그녀처럼 힘없이 하늘을 배회하기도 하지 않았나 싶다. 혹여라도 임의 영혼이 그녀의 삶에 한 줄의 빛이 되길 바라고 있는 것은 아니었는지.

낮달은 한쪽 면만 보여 주고 있다. 감추고 드러내 보이는 존재다. 하지만 슬픔으로 보이는 달의 뒤쪽은 다채롭지 않을까. 나의 삶 또한 그러하다. 보이는 쪽은 안 아픈 척, 괜찮은 척한다. 드러내고 인정해야 하련만, 자신을 돌아본다. 달이 밤에 존재하려고 노력하는 망초꽃처럼 잊었다. 흔들리다 살아가야 하는 게 인생이라던, 어느 시인의 문구가 스친다.

  낮달은 있는 척 없는 것처럼 가려져 있다. 이렇듯 낮달은 존재가 약해 슬픔을 안고 있다. 현실 사회에서 흐릿하게 반쪽으로 살아가는 나의 현실이기도 하다. 느릿하게 걸어온 달은 미처 밤을 다 건너지 못한 채로 희미하게 빛을 잃고 있다. 나의 지독한 아픔의 기억도 저 낮달처럼 희미하게 사라져간다.

    오래 살수록 더 단단해진다. 담금질 끝낸 쇠처럼 더 많이 튕겨
    내고 더 견고해지고 마침내 성城이 된다. 결코 넘을 수 없는 누구
    하나 들이지 못하는 (「성」 전문)

  시인의 언술처럼 나의 삶이 그러하지 않았을까. 우리는 달의 한쪽 면만 보고 있다. 자전과 공전 주기가 같기에 뒷면을 보기 어렵다. 저 낮달처럼 보이는 그대로 그냥 거기에 있으며, 납작만두처럼 반쯤 접힌 채로 또 하나의 비밀을 달빛에 묻고 지나가리라.

들국화

　더위가 물러가니 쾌적하고 은은한 바람이 불었다. 길섶에 다소곳이 피어 있는 들국화 향기가 살갗에 스미는 듯하다. 세세한 꽃잎들이 모여 이룬 작은 꽃망울 스스로를 뽐내기라도 하는 듯 들꽃의 강인한 모습으로 팔랑거렸다. 그 꽃이 없으면 가을 들판이 얼마나 황량했을까. 잡초 사이에 찬이슬을 함빡 머금고, 오롯한 자기만의 향을 지니고 있다.

　하늘엔 구름 한 조각 떠밀려 가고 있다. 내 마음도 소슬바람 타고 계절을 만끽한다. 가을은 생각을 정리하고 털어내는 계절이다. 들국화는 척박한 땅이지만, 야생으로 견디고 꽃을 피워 제 몫을 하며 꿋꿋하게 살고 있다. 행여 떠난 누군가를 기다리는지 까치발을 한 채 오보록하게 피어 있다. 치유와 회복의 이미지를 갖고 있는 그들에게 삶의 성실함이 엿보였다.

들국화는 보면 볼수록 아련했다. 돌 틈 사이에서 찬이슬을 머금고 피어나 기품 또한 소탈해 보였다. 들국화는 벌이나 나비를 위해 핀 꽃이 아니었다. 봄부터 그 얼마나 소쩍새의 울음소리를 들으며, 질풍노도의 시간을 보내야 했던가. 나 또한 그러하다. 한 송이 국화꽃을 피우기 위해, 야생의 들판에 외롭게 보낸 시간이었다. 섬돌 밑에 밤새 울어대는 귀뚜라미도, 나뭇잎도 나와 함께 서걱거리는 설움을 토해 냈다.

가을의 내음이 그윽했다. 들길을 걷다 보니 들국화 향기가 온몸으로 휘감겨 왔다. 이렇게 작은 꽃송이가 이런 향기를 지닐 수 있단 말인가. 어두운 그늘 헤치고 피어나려 했던 몸부림이 향기로 농축된 것은 아닌가 싶다. 모든 잡초와 어울려 살면서도 자기의 개성을 지켜 낸 고결함을 어디에 비하랴. 나는 어떠한 향기를 지녔을까. 들국화처럼 은은하고 달콤한 향을 지닌 사람이었으면 좋으련만….

그들의 끈질긴 생명력은 꽃의 향기와 아름다움을 오래 유지한다. 자세히 들여다보니 제대로 서 있지도 못하고 버팀목을 찾는 듯 밑동이 한쪽으로 기울어져 있다. 의지할 곳도 없이 비스듬한 대로 꽃을 피워내다니. 인고의 세월로 인해 아름다움에 무서리를 맞았다. 그러나 청초한 지성미는 잃지 않았다. 가을이 깊어지면 들국화 향은 더 짙어져, 향기에 취해 쓸쓸하고 서글픈 애상에 젖는다.

  들국화는 바라보면 우리의 인생과 닮아 보인다. 노드롭 프라이가 '자연의 신화'중 가을의 신화(미토스)를 비극으로 표현한 것처럼, 가을의 끝자락에 피어 있는 국화는 서리가 내리기를 기다려 꽃이 지면 생을 마무리하는 씨앗을 맺는다. 새로운 세상을 향해 날아가려는 과정인가. 오도카니 서서 바람을 기다리고 있다. 씨앗을 물고 있는 모습은 한 생의 꿈을 담은 또 다른 들국화의 모습이 아닐까.

  가을은 외롭고 서글픈 계절이다. 들국화에서는 가을빛과 가을 소리가 쓸쓸하고 애달프다. 흔히 모든 것이 영글어 가는 수확의 계절이라 한다. 하지만 밤 벌레 우는 소리에 알 수 없는 것이 불현듯 그리워진다. 하염없이 먼 길을 떠나고 싶은 충동을 느끼게 한다. 나는 국화꽃처럼 외로움이 찾아오면 책을 편다. 문장 안에 있는 무안한 가을 글귀들이 마음을 달래준다.

  이제야 나의 위치와 상황이 보였다. 가을이 가고 있는 것도 모르고 들국화 향에 취해 있으면 어쩌려나 정신을 차렸다. 전에 귀에 들려온 그 한마디가 떠올랐다. "들국화꽃을 닮았다."라고 하는 말이 싫었다. 많고 많은 꽃 중에 하필이면 왜 들국화라고 했을까.

아마도 내 삶이 들국화처럼 보였으리라. 그러나 나는 들국화처럼 서리 맞은 꽃봉오리가 되지 않으려고 한다. 그러려면 미리 겨울의 내 뜨락에 당당하게 피어 있는 국화꽃 화분이라도 마련해야겠다.

자연은 인간이 이루어 낼 수 없는 힘을 갖고, 우리에게 온 신기한 선물이지 싶다. 누군가가 던진 내가 들국화를 닮았다는 말을 이제야 알 것 같다.

어쩌라고

미용실 문을 열자마자 여인이 들어왔다. 땀인지 눈물인 알 수 없이 두 손으로 이마를 감쌌다. "나 어떡해요."라며 손을 치우는 순간 아뿔싸, 앞 머리카락의 길이는 일 센티도 남아 있지 않았다.
여성의 헤어 스타일은 앞모습이 포인트다. 여인은 거울도 보지 않고 머리카락이 다른 곳에 떨어질세라 쓰레기통을 앞에 놓고 머리카락을 잘랐다고 했다. 조금만 자르려고 했는데 균형이 맞지 않는 것 같아 이쪽 저쪽을 자르기를 반복하다가 거울을 보니 그 모양이 되었다며 울상이었다. 앞머리쯤이야 하고 쉽게 봤다고 했다. 그런데 나보고 어떻게 좀 해주면 안 되겠냐고 매달렸다. 긴 머리라면 몰라도 이미 다 잘라 놓고 나보고 '어쩌라고.'
미용사에겐 무엇보다 가위가 중요했다. 평일에도 털고 닦으며 기름칠도 해야 하고 내 몸과 같이 소중하게 여겼다. 그런데 어떤 손님은 가위를 빌려 달라는 경우도 있었다. 집 가위로는 식구의 머리카락을 자를 수가 없다고 했다. 나의 생업이 달린 도구를 빌려 달라니 무슨 말이 필요하랴. 혹시 그분의 개념이 외출했나 싶었다. 미용 가위는 특수 공법으로 제작되었기에 값 또한 만만치 않았다. 이런 순간에는 나는 '어쩌라고' 한숨이 절로 나왔다.

어느 날이었다. 퇴근 시간이 되었는데도 손님 세 분이 대기 중이었다. 그런데 남자분이 또 들어왔다. 퇴근 시간이 지났다고 내일 오라 해도 막무가내 고성과 떼를 쓰며 바닥에 누워버렸다. 너무 무서웠다. 마침 머리 손질하던 손님이 밖으로 나가 경찰서에 신고해 주었다. 경찰 몇 분이 나오고 상황이 말이 아니었다. 지금도 그때를 떠올리면 가슴이 쿵쾅거렸다. '어쩌라고 삶'이란 하루도 내 마음대로 되는 날이 없었다. 미용실을 하다 보니 이렇듯 다양한 고객도 있었다.

인생이란 쉽지만 않았다. 미용실을 운영하면서 삶과 세상을 긍정적으로 바라보려는 마음을 키웠다. 우리네 인생은 머리를 컷트 하는 것과 여러모로 닮았다. 한번 잘린 머리카락을 붙일 수 없듯이 말이다. 가버린 어제를 오늘 위에 얹을 수도 없지 않는가. 남들은 눈으로 보는 것뿐만 아니라, 가슴으로도 삶을 본다고 하는데. 내 눈과 가슴은 '어쩌라고…'

작품 평설

| 작품 평설 |

존재적 자각, 외줄타기의 미적 승화
– 신해원 수필집 《죽이고 살렸더니》의 작품세계

한상렬(문학평론가)

1. 프롤로그

　수필은 작가와 현실의 정서적 등가에 놓인다. 그렇기에 자기관조와 투영이라는 수필의 지향은 다난한 현실 위에 구축한 정서적, 사변적 깃발이 된다. '살되 어떻게 사느냐' 하는 인간 삶의 궁극적 향방을 찾아 떠나는 여행이 곧 수필의 세계이다. 때문에 어떻게 사느냐 하는 화두는 작가적 삶의 역정에서 자연히 유로流露되는 자기고백이 된다. 이런 독백과도 같은 자기관조의 정서가 독자의 심경에 부딪혀 메시지를 제공할 수만 있다면 얼마나 좋으랴.

헤겔의 변증법은 "역사적 현재는 언제나 피와 땀과 먼지로 가득 차 있는 고통스러운 세계이다."라고 말했다. 그는 이어서 현재의 소멸은 새로운 현재의 끊임없는 형성이라고도 했다. 여기서 굳이 철학적 담론을 끌어낼 필요는 없겠지만, 수필의 향방만은 비록 미등微燈일망정 나아갈 길을 밝혀준다. 문제는 문학의 보편성이 그러하듯, 작가의 체험의 확대 문제에 있을 것이다.

루카치가 예단한 바 있듯, 우리는 지금 문학이 총체적 인간의 진실을 담아내지 못하는 우울한 시대에 살고 있다. "좀처럼 붙잡기 힘든 인간 영혼의 가장 은밀한 곳에 자리 잡은 마음의 미세한 풍경"을 그려내야 한다는 루카치의 언명은 지당하다. 진정한 글쓰기가 얼마만큼 우리의 감정을 순화하고 잠든 영혼을 깨우는가를 생각하면 수긍할 만하다.

문제는 우리의 수필 쓰기가 대체로 고정관념에서 벗어나지 못한다는 데에 있다. 수필이 그저 일상의 이야기에 한정되어 있다면 문학의 영역에서 자연 도태될 것이기 때문이다. 그렇기에 새로운 시대에는 그 시대 정서에 합당한 본격적 문학을 요구하게 됨이 자연한 현상일 것이다.

수필은 인생의 해석과 생명의 이해를 위해 정서와 사상을 하나로 용해하는 문학으로서의 '인간학'이라 할 수 있다. 수필이 곧 작가의 인생 표현이기 때문이다. 그런데 여기서 우리가 유의해야 할 바는 이런 인생 표현과 생명 해석이라는 수필 이념을 어떻게 예술로 승화시키고 구현시키느냐에 있을 것이다. 이는 화자의 언술이 자칫 생경하고 추상적인 이념의 노출로 끝나서는 안 된다는 점이겠다.

만일 수필이 정서와 사상 속에 용해되어 문학성을 떠난다면, 그것은 한낱 무용의 공염불이나 불모의 사막으로 화하는 신변잡사로 추락하고 말 것이다. 수필적 진통과 고뇌가 없어서이다. 그 점에서 작가의 고통과 고뇌는 수필 창작에의 모태라 할 수 있다. 위대한 생명이 위대한 진통에서 태어나듯 좋은 수필, 훌륭한 수필은 소재를 작자의 정서와 상상 속에서 어찌 여과시키는가 하는 창작에의 진통과 고뇌로부터 피어난 꽃이라 하겠다. 따라서 소재의 새로운 해석과 이해를 위한 작가의 진통과 고뇌가 없는 수필은 마치 폭발력을 상실한 불발탄처럼 독자에게 깊은 감동과 감명을 주지 못하게 된다. 한마디로 수필은 거세된 회색의 이론이 아니라, 작열하는 삶의 감동을 그리워하게 된다.

이런 관점에 비추어 작가 신해원의 작품은 대부분이 화자의 진통과 고뇌 속에서 피어낸 고통스런 꽃이기에 한 작품 한 작품이 독자를 사로잡는가 하면 공감하게 한다. 이런 작가의 창작을 위한 진통과 고뇌가 문학화를 지향하고 있다 해도 과언이 아닐 것이다. 이제 신해원의 수필집 《죽이고 살렸더니》의 작품세계를 들어가 본다.

2. 외줄타기, 존재적 자각과 의미의 표상

작가 신해원의 첫수필집인 《죽이고 살렸더니》의 상재에 앞서 필자가 그의 작품세계를 초抄하게 된 연유는 우연인 듯 필연이지 싶다. 작가 신해원과의 우연적 만남은 2018년쯤이었다. 필자의 서창인문학 강좌가 진행되고 있었다. 수강생의 대부분은 한국방송통신대학 국문과 출신이었다. 그중 다소 늦게 합류한 그는 유별했다. 매 시간 강의 내용을 하나도 빠트리지 않고 꼼꼼히 경청하며 메모하던 예비 작가였다.

그 후 2019년 수필 〈홀로서기〉로 《에세이포레》를 통해 수필문단에 데뷔하였는가 하면, 그 뒤 그의 학구적 열망이 만개滿開되어 2024년에는 수필평론 〈정지용鄭芝溶의 산문에서의 서정의 풍경화風景化 −화문행각畵文行脚을 중심으로〉가 평론 부문에 당선되어 문학평론가로 데뷔하기도 하였다. 이로써 그의 학구적 집념과 의지가 얼마인지 충분히 가늠케 한다. 그런가 하면, 수필 〈죽이고 살렸더니〉가 《The 수필》에 우수작품으로 선정되었고, 2024년 인천문화재단으로부터 진흥기금 수혜까지 받게 되었으니 객관적으로 그의 문학적 위상이 인정받은 셈이겠다. 그의 수필 〈학무지경學無止境〉은 이런 작가의 학구적 집념을 잘 보여준다.

뒤늦은 배움은 행복이었다. 열정을 갖고 배운다는 것에 희열을 느꼈다. 자식이 어미를 대학에 보낸다는 것이 그리 쉽지만은 않았을 것이다. 그러나 치열하게 살아온 어미에게 배움의 날개를 돋게 해 주었다. 눈물이 쌓였던 긴 세월이었다. 막내딸의 올리사랑은 희망으로 채운 책가방을 등에 멨다. 슬프고 아팠던 만큼 그만큼의 웃음도 커졌다.
막내딸은 '학무지경學無止境'이란 메시지를 주고 날갯짓을 하며 날고 있다. 내 맘도 덩달아 배움의 날개를 펴고 힘차게 날고 싶다.

— 〈학무지경學無止境〉에서

그의 이런 열정과 강인한 집념이 어디서부터 발화하여 샘솟는 것일까? 이를 규명하기 위해선 그의 〈춤사위, 눈물 한 모금〉에 주목하게 한다. "텔레비전이 시선을 확 낚아챈다."라는 서두의 한 행이 이 수필을 지배한다. 예비적 복선이요, 암시다. 뒤이어 "줄을 타면 행복했지 춤을 추면 신이 났지."라며 바야흐로 외줄타기 춤판이 벌어진다고 설명하고 있다. 그 뒤의 문맥은 묘사적 보여주기다.

어름사니는 신명나게 춤을 춘다. 부채 하나 들고 줄 하나에 몸을 맡긴다. 뒤로 종종 두 걸음을 걷는가 하면, 엉덩방아를 찧는 반동으로 솟구쳐 비상한다. '탁'하고 멈추는 순간, 사뿐사뿐 구름 위를 걷는다. 그리곤 외줄 위에서 양반다리로 앉아 웃음도 보낸다. 웃고는 있지만 웃는 것이 아닌 듯하다. 겉으로는 웃고 속으로는 운다던 피에로처럼 수련의 고통을 이겨 내야만이 흔들림 없이 그 자리에 우뚝 서는가.

밧줄 위에 무뎌진 아픔은 얼음꽃처럼 보인다. 광대는 행복한 순간이라 하지만 동시에 위태로움도 공존하는가 보다. 줄을 타기 위해 얼마나 많은 고통을 감수할까. 줄 위에서 곡예를 펼치는 묘기를 보고 있자니 내면의 아픔이 되살아난다. 줄타기는 아슬아슬 곡예하듯 살아온 나의 인생과 참으로 닮은 듯싶다. 지난날이 떠오른다.

— 〈춤사위, 눈물 한 모금〉에서

줄을 타는 어름사니다. 그는 부채 하나 들고 줄 하나에 몸을 맡긴다. ① 종종 두 걸음을 걷는가 하면, 엉덩방아를 찧는 순간 반동으로 솟구쳐 비상한다. 그리곤 ② 외줄 위에서 양반다리로 앉아 웃음도 보낸다. 이를 보고 있는 관객들은 묘기와도 같은 어름사니의 행위를 보며 가슴을 조이거나 때론 그 신묘한 재주와 기량에 박수를 보낼 것이다. 이런 "줄타기는 아슬아슬 곡예하듯 살아온 나의 인생과 참으로 닮은 듯싶다. 지난날이 떠오른다."고 했다. 이 수필의 발상은 이른바 어름사니의 외줄타기와 자신의 생애를 대비시킨 유사착상이다. 직핍直逼적으로 존재사태의 상황으로 진입하지 않고 비유를 통해 주제에 접근한 탁월한 착상이다. 존재사태에 대한 성찰과 관조는 사태로부터 멀찍이 물러나게 한다. 화자에게 있어서는 이 장면이 그저 예사롭지 않다. "밧줄 위에 무뎌진 아픔은 얼음꽃처럼 보인다."는 통찰과 혜안은 존재적 자각을 위한 메시지일 것이다.

이로써 곡예하듯 살아온 자신의 삶을 유추 해석하고 있다.

① 광풍은 순식간에 모든 것을 휘감아 버렸다. 결혼 후 오 년 만에 사업을 하던 남편은 아장아장 걸음마를 시작한 두 아이와 빚만 남겨놓고, 돌아올 수 없는 길을 갔다. 한 편의 멋진 그림을 그렸던 삶은 조각조각 흩어진 퍼즐 조각이 되었다. 원망하고 미워할 사이도 없이 혼자 남은 삶은 절망과 역경의 골짜기를 헤매는 두견새가 되었다.

② 나는 아름다움을 연출하는 직업인이었다. 연습도 없이 낭창낭창한 줄에 올라야 했다. 벼랑 끝에서도 겁 없이 한발 한발 도전을 멈추지 않았다. 칼날처럼 날카로운 외줄 위에서 한 손에

는 가위를 들고 머리카락을 자르고, 또 한 손엔 꿈을 쥐고 중심을 잡았다.

③ 가끔 슬픔이 쓰나미처럼 밀려왔다. 흐린 경계 위에서 위태롭게 발을 딛고 서 있었다. 어둠을 헤치며 외줄을 타야 했던 질곡의 세월이었다. 인생의 춤사위를 지켜보고 있었던 자식들에게 아픔과 눈물만 주지 않았나 싶다.

— 〈춤사위, 눈물 한 모금〉에서

화자에게 밀려온 존재사태는 ①에서 보듯 광풍이 모든 걸 휘감아 버렸으나, 그는 오뚝이처럼 직립하여 존재사태의 자각을 통해 ②에서와 같이 "아름다움을 연출하는 직업인"임을 자각한다. 하지만 그의 삶은 "외줄을 타야 했던 질곡의 세월"이었다. 이런 통과의례를 거친 삶이었기에 그에게 있어 지나간 과거가 그저 과거의 시간으로 존재하지 않는다. 결미의 "어름사니의 춤사위는 나의 삶을 크게 변화시킨 마음의 성찰을 깨우치는 계기였다. 또 다른 행복의 길에 여유롭게 머무르며, 인생의 외줄 위에서 '눈물 한 모금' 삼킨 쓰라린 잿빛 상처를 당당하게 날려 보내고 싶다."라는 언술이 시간을 가로지르는 그의 의미의 표상이 된다. 한마디로 작가 신해원은 외줄타기의 명수다. 이런 연유로 그에게 수필이란 문학행위 이전에 삶의 경영에 성공한 만큼 박수를 보내고 싶다.

　화자의 존재적 자각은 수필 〈총 맞은 것처럼〉에서 더욱 구체화된다. "굵은 줄기는 오래된 상처투성이다. 총 맞은 것처럼 가슴이 아파 숨이 헉 막힌다. 표피는 불뚝하게 튀어나와 괴이한 옹이들이 덕지덕지 달려있다. 앞에서 볼 때는 작은 구멍인데, 뒤쪽은 커다랗게 파여 마치 총알이 지나간 자리처럼 보인다." 화자의 충격은 이 지점에서 열린다. 옹이들이 덕저덕지 붙은 괴이한 형상이 화자로 하여금 존재사태의 낯섦을 보여준다. 그저 지나칠 일이었지만 작가의 시선을 붙든 낯선 사물의 유의미화를 향해 전개된다. 총 맞은 것처럼 보이는 사물의 통찰은 할머니와의 기억을 소환함으로써 유추적 해석을 보여준다.

　　나무의 옹이는 고통과 싸운 선명한 흔적이었다. 불가항력의 의지로 버틴 나무가 가슴에 와닿았다. 어디 벼락 맞은 나무뿐이랴. 나 또한 할머니의 가슴과 저 나무와도 같지 않을까. 젊은 시절 떠난 사람의 빈자리로 가슴이 뻥 뚫렸다. 구멍 사이로 바람 시린 날들이었다. 내 가슴에도 커다란 옹이가 자리를 잡았다. 때론 인생이 막다른 골목에 갇힌 것처럼, 나 혼자만 아프고 힘든 줄 알았다. 하지만 벼랑 끝에 선 나를, 숨을 틔우는 바람처럼 감싸고,

옹이를 어루만져 주었던 할머니의 따뜻함이 있었기에, 여기까지 오지 않았을까.

— 〈총 맞은 것처럼〉에서

나무의 옹이와 할머니의 가슴을 유추한 대비적 상황이 수필의 인간화에 기여한다. 그래 화자에겐 무심한 사물도 의미롭게 다가온다. 결미의 "총 맞은 듯한 벼락 맞은 나무는 고난과 극복의 지혜를 알려 주며 우뚝 서 있다. 고사 직전에 살아나 꼿꼿하고 의연한 줄기로 삶도 이런 것이다."라는 긍정의 메시지를 나뭇잎으로 흔들어 보인다. "나도 저 나무처럼 불타는 의지로 한발 더 나아가리라."라는 진술이 이 작품의 문학화에 기여하고 있다. 독자로 하여금 감동케 하는 매력적인 그만의 기법일 것이다. 이런 존재적 자각이 작가 신해원의 표상이 아닐지 싶다.

3. 홀로서기, 작가의 초상肖像

수필문학은 자기 얼굴 그리기이다. 이는 수필이 자기 관조와 자기 고백의 문학임을 이르는 말이겠다. 여기서 자기 관조는 우리들의 일상이라는 삶 속에서 자연이 유로되거나 특성화되거나 아니면 자연 그대로의 모습의 투영일 것이다. 그래, 수필문학은 자신의 초상肖像이기 쉽다. 자기 얼굴 그리기, 여기에 수필의 자리가 놓여있다 하겠다.

훌륭한 초상화는 우리들에게 의미심장한 하나의 표상을 보여준다. 그렇기에 독일의 철학자 지멜(Simmel Georg)은 "타인에 대한 해석, 타인의 내적 본질을 분석하는 것을 억제하기란 쉽지 않다."고 말한 바 있다. 때문에 의미 있는 초상화를 볼 때마다 우리는 그 표정 뒤에 어떤 속내가 숨겨져 있는지 알고 싶은 독심술과도 같은 유혹에 속절없이 빠지게 된다. 그러나 비평가 곰브리치(Gombrich)가 갈파했듯, 이런 경우 정확한 표정을 포착하기란 그야말로 '악명 높을 정도'로 어렵기까지 하다.

젊은 나이에 남편과의 이별은 화자로 하여금 "한 편의 멋진 그림을 그렸던 삶은, 조각조각 흩어진 퍼즐 조각처럼 홀몸이 되었다. 원망과 미워할 사이 없이, 혼자 남은 삶은 절망과 역경의 골짜기를 헤매는 두견새가 되었다."(〈춤사위 눈물 한 모금〉에서)라는 회감에서 보듯, "칼날처럼 날카로운 외줄 위에 한 손에는 가위를 들고 머리카락을 자르며, 또 한 손은 꿈을 쥐고 중심을 잡았다." 하지만 화자에게 닥친 광풍은 그로 하여금 시나브로 "인생의 외줄타기는 무아지경無我之境에 빠져들었다."라는 반전에 이르게 한다. 이런 역발상이 고난과 역경 속에서도 건강한 삶을 영위하게 한 동력일 것이다. 바야흐로 화자의 외줄타기는 스스로를 무아지경에 빠지게 한다.

그의 수필의 이 경이로운 힘은 도대체 어디에서 기인한 것일까. "줄타기의 춤사위는 신나는 작업으로 변했다."는 자신의 역할에 대한 자존감이 아니었을까. 그래 그에게 있어 신산辛酸한 인간적 고뇌는 넘지 못할 장벽이 아니었다. 그의 〈홀로서기〉, 이는 어쩌면 본태本態적 성향이었을 것이다.

① 꽃 피는 사월에 사랑도 피었다. 반듯한 사람을 만나 그의 제대除隊를 기다려 결혼해 둥지를 틀었다. 두 딸을 두고 행복했다. 하지만 호사다마好事多魔라던가. 쓰나미가 내게 밀려와 꿈일랑 산산이 부서져 몽땅 쓸고 갔다. 졸지에 두 아이의 가장이 되었다. ② 아버지의 가르침대로 온몸으로 부딪치면서 열심히 살았다. 일에 몰두하느라, 옆도 뒤도 돌아볼 사이도 없었다.

— 〈홀로서기〉에서

유년시절 자전거타기의 예화는 화자로 하여금 홀로서기를 할 수밖에 없게 한 필연이었으리라. 문제는 사태를 바라보는 화자의 태도에 있을 것이다. 존재사태에 대한 화자의 태도와 의식은 삶을 전혀 다른 각도에서 바라보는, 새로운 시각을 보여준다.

이는 'E+P=O'의 관계형성이다. 여기서 'E'는 삶에서 일어나는

'사건[Event]'이요, 'P'는 그것을 받아들이는 '태도[Perception]'이며, 'O'는 그 '결과[Out-come]'를 의미한다. 수필〈홀로서기〉는 이런 의식의 그물망을 보여준다. 위 인용문의 ①은 '사건'이요, ②는 '태도'다. 그리고 결미의 "나의 홀로서기는 아버지의 가르침대로 중심을 잡고 정도에서 벗어나지 않는 삶을 영위하는 것이었다. 지금도 배움의 길이라면 아버지의 자전거를 타고 희망의 페달을 밟아 어디든 동동거리며 달려가고 싶다."라는 진술은 그 결과[Out-come]를 보여준다. 이런 의미망은 그의 수필의 의미화와 본질찾기에 기여하고 있다. 그리하여 화자의 홀로서기는 곧 그녀의 초상肖像일 것이다.

"어느 날 고막이 빵 터졌다. 귓속에 풍선이 들어 있던 것이었을까. 청력이 저하되자, 눈앞이 캄캄하고 머릿속이 하얗다." 라고 서두를 뗀〈길을 찾다〉는 또 다른 '사건[Event]'을 보여준다.

* **사건[Event]**: "소리를 듣지 못하니 상대방의 말에도 한참을 걸려 대답하는 어눌한 바보가 되었다. 그동안 쌓아 올린 튼실한 토담이 무너져 내렸다. 온 세상에 나 혼자 덩그러니 버려진 것 같았다. 소리로 인한 스트레스로 편두통이 올 때면 머리를 움켜쥐었다. 엎친 데 덮친 격이었나. 의료대란으로 수술 예약도 쉽지 않았다. 이 세상에 고치지 못할 병은 없다는 희망으로 기다리지만, 무

언가의 집중하는 순간엔 심한 두통이 일어났다."

　* **태도**[Perception]: "세상은 다양한 소리로 가득하다. 문밖만 나가면 자동차 소리부터 온갖 소리로 시끌벅적하다. 그런데 내 귀는 고요하다. 눈이 안 보이면 사물과 멀어지고, 귀가 들리지 않으면 사람과 멀어진다는 말이 있다. 대화 중에 남의 말을 귀담아듣지 않았던 나의 이기심에 귀가 막힌 것은 아닌가. 소리는 계속 닫혀 가지만, 마음의 문으로 소리를 들으려 안간힘을 썼다. 수술 결과가 좋아져 소리를 들을 수 있다면, 그때는 내 목소리는 낮추고, 세상의 모든 듣는 소리를 겸허하게 받아들이리라."

　* **결과**[Out-come]: "새로운 길을 찾았다. 시련과 행복은 기찻길처럼 나란한 동행이었나. 들리지 않은 귀를 싸매고, 마감 두 시간 전에 지원서를 냈다. 뜻이 있으면 길이 있다고 했던가. 마침내 길이 보였다. 얼마 전 '예술창작지원금 수혜자'라는 통보를 받았다. 힘이 든 만큼의 기쁜 소식이었다. 지원금 수혜 선정의 행운이란 선물을 안겨 주려고, 그러한 시련을 겪었던가."

　이는 'E+P=O'의 관계형성이다. 이런 화자의 의식의 그물망에서 이 수필은 해석된다. 홀로서기는 외롭고 고통스런 일이었지만 그에게 있어 결과는 창대하고 가치 있는 일이었다. 이는 화자의 초상肖像이며, 그 길이 미로찾기일망정 미등이나마 길을 밝히고 있다. 〈길을 찾다〉는 이 수필과 맥락을 같이한다. "고막이 빵 터졌다."라는 충격적 모멘트를 화소로 한 이 수필은 전자의 '홀로서기' 속편과도 같이 "인생길은 속도보다는 방향의 미로찾기"라는 언술을 통해 자신의 나아 갈 길을 예언하고 있다.

존 고든(Jon Gordon)은 그의 저서 《에너지 버스》에서 "누구나 인생에서 위기를 맞는다. 그리고 그런 순간에는 어떤 사람이건 조직이건 회사건 팀이건 부정적인 현실을 극복하고 새로운 성공 시나리오를 그려나갈 수 있는 강력한 '힘'이 필요하다."라고 말하고 있다. 이렇게 작가 신해원의 수필에서 자주 등장하는 문제는 작가를 중심으로 전개되는 위기의식이다. 두 딸의 어머니로서 삶의 모든 것을 책임져야 하는 화자의 홀로서기는 용이하지 않다. 교통사고로 인한 육체적 장애만이 아니다. 크고 작은 사고들이 그를 에워싸고 있다.

작가 신해원은 오뚝이를 닮았다. 타자와 달리 그는 여러 차례 사고를 만난다. 수필 〈오뚝이를 변호하다〉도 같은 맥락에서 파악된다.

① 그날은 미용실 휴일이었다. 일주일 먹거리를 사 들고 버스에 올랐다. 열려있는 창가 좌석에 앉았다. 유난히 눈에 들어온 초가을의 하늘은 맑고 청명했다. 순간 급격한 급브레이크에 나는

의자에서 굴러떨어졌다. 바닥에는 부식거리들이 나와 함께 널브러져 아수라장이 되었다. 놀란 승객들의 웅성웅성하는 소리가 꿈결처럼 들려왔다. 병원으로 실려 갔다. 목을 많이 다쳐 수술밖에는 도리가 없었다.

② 급한 볼일이 있어 택시를 탔다. 갑자기 벼락 치는 소리가 들려왔다. 순간 정신이 아득했다. 안갯속으로 빠져드는 듯했다. 한참 뒤 정신을 차린 나에게 "죄송합니다. 교통사고가 났습니다. 뒤에 과속으로 달리던 차와 충돌했다."라고 기사가 말했다. 앵앵거리는 경찰차에, 삐용삐용 응급차에 정신이 혼미했다. 두 번째의 교통사고로 허리를 다쳐, 온갖 치료와 수술을 병행해도 예전으로 돌아갈 수는 없었다.

— 〈오뚝이를 변호하다〉에서

신해원의 수필은 이렇게 단순한 스토리텔링이 아니다. 체험의 기록이란 경계를 넘어 일상에서 추수한 생활철학이 그의 수필의 이미지이자 사유의 코기토이다. "목과 허리에 여섯 번의 수술을 할 때마다 오뚝이가 되어 일어났다. 몸으로 깨우쳐 얻은 보상은 자신감이었다."라는 화자의 오뚝이 같은 정신세계가 그의 수필을 읽게 하는 마력이다. 홀로서기요, 작가의 초상肖像일 것이다.

그런가 하면, 수필 〈되살아난 대박〉은 막내딸이 데리고 온 안스리움을 화제로 하고 있다. 엄마의 건강을 염려하여 이름까지 지워왔다는 '대박'이다. "나는 그에게 다가가 귓속말로 '대박아, 우리 오늘도 아리아리하자.' 속삭였다. 이렇듯 우린 교감으로, 이름처럼 어제보다 나은 반전의 꿈을 꾸었다." 하지만 그에게 또 사고가 한순간에 일어났다.

집안도 안전한 곳은 아니었나. 거실에서 다리가 꺾이면서 넘어졌다. 발목의 인대가 끊어진 것이었다. 수술을 해야 한다는 진단이 나왔다. 입원날이 다가올수록 걱정이 앞섰다. 내 걱정은 뒷전이고 집을 비우게 되면 식물들은 어쩌나. 대야에 물을 가득 채워 담가놓으면 되려니 했다. "넘치면 모자람만 못하다."라는 말이 있듯이 그 말을 실감케 했다.

퇴원 후 집에 돌아왔다. 그런데 아뿔싸, 많은 양의 수분으로 그가 넘어져 비실이가 되어 있었다. 상련지정相憐之情의 미안한 마음이 가득했다. 안스리움은 며칠이 지났는데도 쉽사리 일어날 낌새가 보이지 않았다. 때마침 봄비가 내렸다. 혹시 비가 약이 되지 않으려나, 아픈 다리를 절룩이며 베란다로 옮겨 흠뻑 비를 맞혔다.

'유레카!' 뾰족한 초록이 움을 틔웠다. 어둠 속에서 절망을 넘어서고, '대박'이 소생한 것이었다. 삶의 시련이 불행만을 안겨주는 것은 아니었다. 무심코 스친 식물에서 생명의 강인함을 배웠다. 건강의 적신호에 좌절했던 나는 고난과 역경을 이겨낸, 안스리움을 보며 기운을 얻었다. 녀석이 나를 위해 꽃을 피운 양 반가웠다.
— 〈되살아난 대박〉에서

화자 자신을 '대박'이라 명명命名한 안스리움에 유사착상한 이 수필 역시 홀로서기의 과정을 비유하고 있다. 발목의 인대가 끊어진 사고와 안스리움의 대비는 화자에게 상련지정相憐之情의 내적 감각과 정서를 함유하게 한다. "시련의 타래를 빠져나오기 위한 대박의 꿈은 헛되지 않았다. 매사에 희망을 끌어안으면 기적이 오려나 대박처럼….",라는 이 수필 결미의 언술처럼 그에게 있어 매사에 스스로 오뚝이처럼 일어서게 하는 부활의 메시지로 작용하고 있다. "그의 꽃말처럼 꽃이 아닌 꽃잎이 되기까지의 번민과 고뇌를 의미하고 있다. 꽃이 피기 전까지 땅속에서 오랫동안 어두운 모습으로, 묵묵히 기다림에는 진실과 신비로움이 들어 있지 싶다."라는 결미의 진술처럼 인간적 번민과 고뇌의 경계를 뛰어넘는 철인의 의지가 독자를 감동케 한다.

4. 의지와 우연의 착종錯綜, 창조적 직관의 통찰

한 그루의 나무가 자라기 위해서는 그 자체의 생명력이 강해야 한다. 태양과 바람과 비와 토양은 필수적인 조건이고, 그 밖에 병충의 침범을 비롯한 자연의 악의를 이겨내야 하고, 사람의 도끼[斧]를 피하는 요령도 곁들여야 한다.

인간에 이르면 더할 나위가 없다. 인간이 형성되어 가는 과정은 나무의 유類가 아니다. 의지와 우연과의 기묘한 착종錯綜. 그 생물적인 의미에 있어서나 정신적인 드라마에 있어서도 신비의 집적集積과 그 연속이라고 할밖에 없다. 그러나 그 신비란 것은 한 발의 총탄, 아니 미시적인 박테리아에 의해서도 간단하게 파괴되는 허망이기도 하다. 파스칼(B.Pascal)은 인간을 무한대와 무한소의 중간자, 신과 악마의 중간자라고 했지만, 이를 허망과 진실과의 중간자란 뜻으로 풀이할 수도 있다.

신해원 수필의 매력은 작가가 목도하는 대상을 통해 유의미화함에 있다. 수필 〈견자비전見者非全〉 역시 소재인 모과에서 유추하여 의지와 우연의 착종錯綜을 통해 직관을 통찰하고 있다. 작가의 창작기법은 대체로 과거의 소환을 통해 현재적 삶의 의미를 추적하는 과거와 현재의 연접에서 의미화를 취하는 방식을 택하고 있다. 이는 그의 수필이 스토리텔링에 의존하기보다 플롯텔링을 기반으로 본격수필의 단계에 진입하고 있음을 간접적으로 보여주고 있다.

> 모과의 삶은 썩어가면서도 본분을 다하려고 향기를 뿜어낸다. 최선의 앞에서 본연의 몫을 다하려는 과일도 있는데, 나는 과연 두 딸의 가장으로서 내 몫을 제대로 하고 있나. 녹록지 않았던 젊은 날 진통을 떠올려 본다. 그런 내 모습은 세상에 어떻게 보이려나. 겉모습과 내면의 향은 보태지거나 모양이 변형되지는 않았을까. 이제 나는 인생의 난제를 헤치고, 단단한 삶의 나이테를 새기며 오르려고 한다. 모과는 혹독한 추위를 나목으로 홀로 버티고, 목마른 가뭄과 세찬 비바람을 맞았다. 내면적으로 승화한 그 과정은 어둠과 고통이었으리라. 나의 어제와 모과의 고난 시간이 겹친다
>
> — 〈견자비전見者非全〉에서

썩어가면서 자신의 본분을 다하는 모과처럼 두 딸의 가장인 자신과의 동일시가 분석과 통합, 의미화라는 도식에 충실하고 있다. 모름지기 수필은 이렇게 자기 관조와 자기성찰로 존재적 자각에 이르러야 하지 않을까. 그래 "주어진 삶을 그대로 보여주고 있는 모과처럼, 부족한 부분은 있지만, 견자비전見者非全이 아닌,

내면에서 진솔함이 나오는 그런 사람이고 싶다. 비록 가혹하도록 떫은맛은 있지만, 인생도 그렇게 시련과 역경을 이겨내고 성숙의 경지에 이르면 향긋한 맛을 낼 수 있으리라."라는 언술에 설득력을 지니게 한다.

다음으로 〈딱쟁이 속에 핀 꽃〉에 시선이 머문다. 겨울을 보내고 봄을 맞은 생나무가 화자의 시선을 붙잡는다. "상처는 아픔을 동반하다."라는 언술이 예사롭지 않다. 아직 게으름을 피우고 있는 나무들 옆에 바지런한 생강나무가 봄맞이 준비를 하고 있다. 이런 무의미한 사태에서도 화자는 유의미를 찾고 있다. 그러기 위해선 창조적 직관과 삶의 통찰이 필요하다.

① 상처는 아픔을 동반한다. 잿빛의 삭막한 산기슭에 한껏 기지개를 켜며, 굵고 튼튼한 나무들은 아직 게으름을 떨고 있다. 옆에 있는 바지런한 생강나무는 새봄을 맞을 준비를 한다. 그 긴 겨울에 아무 일도 없었다는 듯이 말이다. 생강나무는 겨울을 맞아 제가 가진 걸 온전히 버렸다. 알몸으로 추위와 삭풍은 견디는 고통이 얼마나 컸으면 점점이 딱쟁이가 앉아 있다. 그렇듯 인내하는 울음 속에서도 꽃을 터트리고 있다. 고통은 고통을 통하지 않고는 빠져나올 수가 없는가. 그것들을 바라보는 마음이 시리다.

② 깨어 있어야 한다. 지나간 나의 삶을 돌아본다. 시련에 깎인 뾰족한 심정이 날을 세우고 나와 타인에게 상처를 준 일은 없었을까. 생강나무와 같이 사랑은 주고 있는지, 주위에 대한 배려는 넉넉한지 반성해 본다. 행여나 삼지창이 되어 있는 것은 아닐까. 겁이 나기도 한다. 문득, 조고각하照顧脚下라는 말이 뇌리를 스친다. 아무렇지도 않게 다가와 '앎'이란 소중함을 안겨 자연의 진리 앞에 숙연해진다.

— 〈딱쟁이 속에 핀 꽃〉에서

진통과 고뇌가 없이 손으로 지어낸 작품은 결코 독자를 감동시키지 못한다. "상처는 아픔을 동반한다."는 ①의 언술처럼 그의 수필어는 '신비한 한 발의 총탄'이 된다. 대상을 바라보는 작가 신해원의 이런 창조적 직관은 '딱쟁이 속에 핀 꽃'이란 소소한 사물에서조차 의미화와 본질 추구에 나서고 있다. "깨어 있어야 한다."는 자기 결단과 선언이 의지와 우연의 착종이란 철학화의 옷을 입게 된다.

작가의 의지와 우연의 착종은 이 수필집의 표제작인 〈죽이고 살렸더니〉에서 더욱 구체화 된다. "결혼한 지 오 년째 되던 해, 나의 삶을 지탱해 주던 줄이 끊어졌다. 하늘이 무너진 자리에 광풍이 휩쓸고 지나갔다. 눈을 떠보니 벼랑 끝이었다. 떠난 사람이 남긴 자리는 허망하고도 피폐했다. 두 딸만이 다시 설 수 있는 의미였다. 두레박줄처럼 질긴 인연의 핏줄인 아이들만은 놓치고 싶지 않았다." 화자에게 불어닥친 절체절명의 순간이 그로 하여금 '사즉생死卽生'의 결단을 하게 한다. 간신히 잡은 줄은 "날카로운 가위를 쥐고, 여성들의 머리카락을 다듬는 일이었다. 현장은 열악했으나 최선을 다하고 싶었다.", "미용실에서는 죽였는데도 만족한 사람이 있는가 하면, 너무 살린 것이 불만인 경우도 있었다." 라는 언술이 이 수필을 지배하고 있다. '죽이고 살렸더니'란 언어의 기표가 갖는 살벌한 의미는 생존을 위한 출구전략이었다. 화자에게 있어 "삶이란 어둠만 있는 것은 아니었다."라는 실존적 자각은 "스스로 통제 아래 단단해진 생은, 끝없는 레이스로 이어지는 고행의 마라톤이었다."라고 술회하게 한다. 이렇게 수필은 거대한 담론이 아니더라도 충분히 독자를 사로잡고 감격케 한다.

긴 터널을 빠져 나오자 빛이 보였다. 두레박이 찰랑거리며 맑은 물을 퍼 올리는 것처럼, 두 딸이 주는 생동감과 기쁨은 비할 바가 없었다. 아장아장 걸음마했던 아이들은 장마철에 오이 자라듯 쑥쑥 자랐다. 삶의 목표는 더욱 견고해졌다. 아이들로 인해 살맛 나던 날은 외줄 위에서 자신감 넘치게 가위와 춤사위를 벌

였다.(생략)

　허공에서 바닥을 보았다. 밑바닥까지 내려간 상황에서는 미래가 있으려나 싶었다. 한순간에 허물어진 나의 둥지에서 여자로서의 삶은 죽였고, 엄마로서의 모성은 살렸다.

　언젠가는 두레박줄이 매어있던 고향집 뜰의 살구나무를 찾아 나서야겠다. 내 유년의 두레박은 안녕하신지.

　　　　　　　　　　── 〈죽이고 살렸더니〉에서

　이렇게 작가 신해원의 수필은 아름답게 채색된 그림과 거리가 있다. 수묵담채화라고나 할까. 다소 암울하면서도 칙칙한 배경이지만 그 내밀한 감각이 독자를 사로잡는다. 그래 그의 작품을 제대로 이해하려면 햇살 찬란한 양지쯤에서 독파해야 색독의 단계에 이를 것이다. 작가의 영혼의 언어로 길어 올린 듯한 그의 작품은 생애의 아픔과 깨달음을 동반하게 한다.

　또 수필 〈누름돌〉은 화자로 하여금 어머니를 떠올리게 하는 대체재로 작용하고 있다. 어머니는 내가 결혼할 때 "사노라면 이것이 꼭 필요할 것이다."라며 돌멩이 두 개를 주었다란 언술에서 존재 인식의 실마리를 찾게 한다. 어머니의 삶을 살고 싶지 않은 화자의 의지가 우연과 착종하여 변화를 위한 창조적 직관으로 작용

한다.

 누름돌을 보며 고마운 마음이 새록새록 올라왔다. 쉽게 상처 받고 과한 욕심을 부리다 차오르는 감정들을 자근자근 눌러준 반려돌 같은 것이었다.
 지난날을 돌아본다. 어느새 당신에 대한, 돌보다 차디찬 애증의 마음은 연기처럼 사라지고, 힘겨웠던 어머니의 모습을 떠올린다. 이제야 누름돌의 미덕을 알 것 같았다. 순간순간마다 지그시 역경을 눌러준 누름돌 앞에 숙연해진다.

— 〈누름돌〉에서

 여기 누름돌은 화자에게 있어 어머니를 떠올리게 하는 대체재이다. 뒤늦게나마 그 어머니의 마음을 이해하게 되는 존재적 자각이 화자의 건강한 삶의 원동력이 된다. "온갖 삶의 무게를 덜어내고, 누름돌을 걷어낸 변곡점에서 깃털처럼 가벼워지리라. 다시금 근래 사용하지 않았던, 누름돌을 꺼내보아야겠다."라는 결의에 찬 언술이 이 수필을 건강하게 하고 있다. 수필 〈단장지애斷腸之哀〉 역시 같은 맥락에서 파악된다.

5. 프롤로그

　우리는 지금 수필작가가 쓴 한 편의 수필을 읽는다. 그 속에는 작가인 화자의 진술한 삶의 모습이 형상화되어 있으며, 대상에 대한 작가의 사상이 녹아 있다. 이런 경우 화자의 체험과 삶에 대한 해명이 진지하면 할수록 독자는 감동적인 삶의 메시지를 듣게 된다. 타 장르의 문학도 그러하겠지만, 유독 수필은 인간 삶의 반영이라 할 수 있다. 그러므로 우리는 한 편의 수필을 읽으면서 그 작가의 삶을 떠올리게 되며, 유로流露된 삶의 형상화를 통해 미적 감수성에까지 이르게 된다. 이런 의미에서 수필은 글쓴이의 삶의 반영이자 작가가 천착하는 세계의 모습일 것이다.

　칼릴 지브란은 '영혼의 위로자'요, '영혼의 치유자'였다. 그의 아름다움으로 다가오는 영혼의 언어는 불확실한 이 시대를 살아가는 우리들에게 긍정적인 사고와 행동으로 세상을 바라볼 것을 속삭인다. 도대체 무엇이 그를 아름다운 영혼의 순례자로 만들었을까? 그건 아마도 "작품을 만들어 내는 유일한 방법은 내 속에 있는 최선의 것을 모두 끌어내는 것."이라는 그의 언술 때문일 것이다. 마음속 깊고 깊은 곳에서 어떤 것을 끌어내어 사물을 바라보는 작가적 태도이다. 그러므로 신해원의 수필은 언제나 "사랑은 아프게 하기 위해서도 존재합니다."라는 칼릴 지브란의 언술의 의미를 깨우치게 한다.

    신해원의 수필집 《죽이고 살렸더니》를 감상하노라면, 마치 수묵담채화를 보듯 고뇌와 진통 속에 피어난 한 송이 꽃을 완상하게 한다. 이는 신해원 수필의 깊이일 것이다. 그래 그의 수필을 독파하자면 영혼의 언어로 길어 올린 듯한 미적 언어의 미세한 부분에까지 포커스를 맞추고 렌즈를 들여다보아야 한다. 그때마다 그가 펼치는 수필적 풍경들은 그의 내밀한 영혼의 언어에 안온한 평화를 느끼게 한다. 그가 창조해 내는 맑고 고운 영혼과 만나기 때문이다. 그의 수필은 어쩌면 고독한 심령과의 깊은 속삭임이며, 그 가운데에서 길어 올리는 영감에 찬 언어의 집이기도 하다. 하여 우리에게 잃어버린 자아를 찾게 하며, 때로는 오롯이 자기를 지키는 고독한 실존적 추억의 세계로 돌아가게 한다. 이런 연유로 화자의 현실 속에서 영혼과 교직交織된 심적 나상과 만나게 한다. 곁에 두고 책을 통한 산책과 사유를 권유한다.

신해원 수필집

죽이고 살렸더니

인쇄 2024년 11월 29일
발행 2024년 12월 04일

지은이 신해원
발행인 서정환
펴낸곳 수필과비평사
주소 서울시 종로구 삼일대로 32길 36(운현신화타워) 305호
전화 (02) 3675-3885 (063) 275-4000 · 0484
팩스 (063) 274-3131
이메일 essay321@hanmail.net
출판등록 제300-2013-133호
인쇄·제본 신아문예사

저작권자 ⓒ 2024, 신해원
이 책의 저작권은 저자에게 있습니다. 서면에 의한 저자의 허락없이 내용의 일부를 인용하거나 발췌하는 것을 금합니다.
COPYRIGHT ⓒ 2024, by Shin Haewon
All right reserved including the rights of reproduction in whole or in part in any form.
잘못된 책은 바꿔 드립니다.

ISBN 979-11-5933-559-4 (03810)
값 15,000원

Printed in KOREA

후원 : 인천광역시 인천문화재단

* 본 도서는 인천광역시와 (재)인천문화재단의 후원을 받아 '2024 예술창작생애지원'에 선정된 사업입니다.